A Study of
Peirce's Philosophical
Thoughts from the
Perspective of Semiotics

符号学视域下的皮尔士哲学思想研究

潘磊 著

中国社会科学出版社

图书在版编目(CIP)数据

符号学视域下的皮尔士哲学思想研究 / 潘磊著. —北京：中国社会科学出版社，2022.8
ISBN 978 - 7 - 5227 - 0434 - 0

Ⅰ.①符… Ⅱ.①潘… Ⅲ.①皮尔斯（Peirce, Charles Sanders 1839 - 1914）—哲学思想—研究 Ⅳ.①B712.43

中国版本图书馆 CIP 数据核字（2022）第 117880 号

出 版 人	赵剑英
责任编辑	韩国茹
责任校对	张爱华
责任印制	张雪娇

出　　版	中国社会科学出版社
社　　址	北京鼓楼西大街甲 158 号
邮　　编	100720
网　　址	http://www.csspw.cn
发 行 部	010 - 84083685
门 市 部	010 - 84029450
经　　销	新华书店及其他书店
印　　刷	北京君升印刷有限公司
装　　订	廊坊市广阳区广增装订厂
版　　次	2022 年 8 月第 1 版
印　　次	2022 年 8 月第 1 次印刷
开　　本	650×960　1/16
印　　张	14.25
插　　页	2
字　　数	171 千字
定　　价	88.00 元

凡购买中国社会科学出版社图书，如有质量问题请与本社营销中心联系调换
电话：010 - 84083683
版权所有　侵权必究

凡 例

本书所引皮尔士著作均采取学界通用格式：

1. **CP**. *Collected Papers of Charles Sanders Peirce*, edited by C. Hartshorne & P. Weiss (vol. 1 – 6), and A. Burks (vol. 7 – 8), Cambridge: Harvard University Press, 1931 – 1958. 引文格式为"CPn. m"，n 表示"卷数"，m 表示编者所加的"段数"。

2. **EP**. *The Essential Peirce*, edited by N. Houser & C. Kloesel (vol. 1), Bloomington: Indiana University Press, 1992; and Peirce Edition Project (vol. 2), 1998. 引文格式为"EPn. m"，n 表示"卷数"，m 表示"页码"。

3. **W**. *Writing of Charles S. Peirce*: *A Chronological Edition*, edited by Max H. Fisch et al. Bloomington: Indiana University Press, 1982 –. 引文格式为"Wx"，x 表示"页码"。

4. **SS**. *Semiotic and Significs*, edited by C. Hardwick, Bloomington: Indiana University Press, 1977. 引文格式为"SSx"，x 表示"页码"。

目 录

引 言 …………………………………………………… 001

第一章 符号学理论的形而上学基础 …………………… 013
第一节 范畴演绎：康德与皮尔士 ………………… 015
第二节 皮尔士的范畴论证 ………………………… 031
第三节 三元范畴 …………………………………… 054

第二章 符号学理论的认识论基础 ……………………… 065
第一节 对笛卡尔主义的反驳 ……………………… 066
第二节 "思想-符号"理论 ………………………… 074
第三节 "思想-符号"理论的问题 ………………… 081

第三章 普遍符号理论 …………………………………… 085
第一节 SOI 关系 …………………………………… 087
第二节 符号学理论的深化 ………………………… 107
第三节 具有目的导向的解释 ……………………… 118

第四章 符号学与实用主义 ……………………………… 126
第一节 总论 ………………………………………… 126

第二节　实用主义准则 …………………………………… 129
  第三节　符号学的实用主义 ……………………………… 148
  第四节　"符号学实用主义"的当代引申 ………………… 164

第五章　探究与知识的价值 ………………………………… 167
  第一节　"美诺问题"与知识的价值 ……………………… 168
  第二节　过程可靠主义与知识的"价值问题" …………… 171
  第三节　探究理论与知识的"价值问题" ………………… 176

第六章　共同体、实用主义与可错论 ……………………… 184
  第一节　可错论面临的"阈值问题"挑战 ………………… 184
  第二节　现有的两种解决方案 …………………………… 189
  第三节　实用主义的共同体方案 ………………………… 197

结　语 ………………………………………………………… 203

参考文献 ……………………………………………………… 210

致　谢 ………………………………………………………… 222

引 言

一

查尔斯·皮尔士（Charles Sanders Peirce），1839 年 9 月 10 日出生于美国马萨诸塞州的剑桥，1914 年 4 月 19 日逝世于宾夕法尼亚州的密尔福德。皮尔士家族曾是美国最富有的家族之一。其祖父本杰明·皮尔士（Benjamin Peirce）曾是马萨诸塞州立法院委员，自 1826 年起直至去世，一直担任哈佛大学图书馆馆长。皮尔士的父亲小本杰明·皮尔士（Benjamin Peirce Jr.）曾是美国数学界的泰斗级人物，对整个国家的社会、政治领域有着重要的影响。普特南（Hilary Putnam）对其评价甚高："如果 19 世纪中叶设有总统科学顾问职位的话，小本杰明·皮尔士当之无愧。"[①]

查尔斯是小本杰明·皮尔士的第二个儿子，他的天才很早便被其父察觉。对于儿子的教育，父亲倾注了大量心血，他十分注重培养查尔斯的独立性格和自学能力。在父亲的严格教化下，皮尔士在科学、逻辑方面受到了良好熏陶。根据皮尔士传记作者保罗·韦斯（Paul Weiss）的说法，皮尔士一直将父亲的教育铭记

[①] Hilary Putnam & K. L. Ketner, "Introduction: The Consequences of Mathematics", *Reasoning and the Logic of Things by C. S. Peirce*, Harvard University Press, 1992, p. 5. 另参见陈亚军《实用主义：从皮尔士到布兰顿》，江苏人民出版社 2019 年版，第 2 页，译文略有改动。本节及以下关于皮尔士生平及学术生涯的简介，均参考了陈亚军的这本著作，特此说明。

于心，并曾说道："父亲教育了我，如果我有所成就的话，那也是他的功劳。"① 良好的家庭环境及教育使皮尔士比一般儿童更加成熟。据称，"他 8 岁开始学习化学，12 岁便建立起自己的化学实验室，13 岁时便阅读并在一定程度上理解了瓦特雷（Whately）的《逻辑的要素》一书"②。

1861 年，在父亲的推动下，皮尔士加入了"美国海岸和大地测量协会"，并在此工作长达 30 年之久。与此同时，他花了大约半年的时间研究分类技术，并于 1862 年获哈佛大学硕士学位。由此直至 19 世纪七八十年代，是皮尔士一生中的"高光"时期，主要体现为：首先，于 1864—1865 年在哈佛大学发表科学哲学系列演讲，并于 1873 年写出《逻辑》一书；其次，1879 年起担任新建不久的约翰·霍布金斯大学的逻辑学讲师；再者，1869—1872 年，以助理身份为哈佛大学天文台工作，做了大量的天文观测并将其成果以《光度学研究》为名于 1878 年发表，据考证，"它是皮尔士生前发表的唯一著作，其中所包含的材料至今尚有研究价值"③。多方面的科学研究不仅深刻影响了皮尔士随后的思想发展，而且也使其在学术界崭露头角。1877 年，他当选为美国科学艺术学院研究员。鉴于他在逻辑学方面的贡献，同时还被选为美国国家科学学院院士。"在美国的历史上，以逻辑学家身份入选国家科学院院士，这一殊荣除皮尔士之外，只有奎因（W. V. O. Quine）后来获得过。"④

不幸的是，皮尔士的辉煌人生并未持续太久。从 1891 年开始，他断绝了与政府间的联系，终止了他的科学研究生涯。根据

---

① Paul Weiss, "Biography of Charles S Peirce", *Perspectives on Peirce*, ed. by R. J. Bernstein, Greenwood Press, 1980, p. 1.
② 转引自陈亚军《实用主义：从皮尔士到布兰顿》，第 2 页。
③ 陈亚军：《实用主义：从皮尔士到布兰顿》，第 2 页。
④ 陈亚军：《实用主义：从皮尔士到布兰顿》，第 3 页。

韦斯的说法，原因可能是他的实验过于昂贵，也可能是他的操作过于缓慢，还可能是他不满于测量协会的某些做法等。① 无论出于何种原因，他的选择都对其随后的人生产生了不可估量的影响。从反面看，放弃一些必要的资助使他的生活在相当长的一段时期内陷入窘境，甚至不得不靠好友威廉·詹姆斯（William James）的资助来养家糊口；从正面看，长期的科学研究塑造了他在哲学方面的思想特质：强调哲学和科学在方法论层面的连续性、注重以科学的方法展开哲学的研究、摒弃墨守成规的思辨形而上学，等等。

二

尽管皮尔士受其父亲影响，在科学和逻辑学研究方面颇有建树，而且后者也一直希望他能成为一位科学家，但皮尔士本人却对此并不热衷，他已被哲学所吸引。在大学期间，皮尔士便阅读了席勒的《审美教育书简》以及康德的《纯粹理性批判》，并且深深地为之所吸引。从追溯实用主义的角度看，皮尔士19世纪70年代的最大成就无疑是他参与创建了实用主义思想的摇篮——"形而上学俱乐部"。皮尔士曾回忆说：

> 70年代初，我们一帮在旧剑桥的年轻人，半讽刺半挑衅地称我们自己是"形而上学俱乐部"。因为当时不可知论如日中天，对所有的形而上学不屑一顾，我们的聚会有时在我的书斋，有时在詹姆斯（W. James）的书斋……培因（A. Bain）关于信念定义之重要性的观点常常被强调和采用。他把信念定义为"人的行动准则"。从这个定义，差不多必然推出实用

---

① Paul Weiss, "Biography of Charles S Peirce", *Perspectives on Peirce*, ed. by R. J. Bernstein, Greenwood Press, 1980, p. 3.

主义来。因此，我倾向于把他当作实用主义的创始人……我们的形而上学讨论全部用文字速记下来……最后，为了不使俱乐部解散后没有一点实质性的纪念品留下，我起草了一篇短文，表达了我一直在实用主义名称下所强调的一些见解。这篇文章被人们以出人意料的好意所接受，以至于我大受鼓舞。大约六年后，我做了某些扩充，把它发表在 1877 年 11 月号和 1878 年 1 月号的《通俗哲学月刊》上。（CP5.12）①

皮尔士对俱乐部讨论纪要的整理后来以《信念的确立》和《如何使我们的观念清晰》之名发表，它们是公认的实用主义最早的经典之作。在哲学方面，皮尔士在追溯自己的思想资源时，亲承有三者对其影响最大，它们分别是科学、德国古典哲学和邓斯·斯各脱（Duns Scotus）的哲学（CP1.3-14）。

首先，科学对皮尔士的影响显而易见。根据陈亚军的论证："皮尔士终生致力于将哲学奠定在科学的基础上。在他看来，科学精神是一种追求客观真理的精神，它是对个人主义的否定；它欢迎普遍的审查并渴望达到最后的一致性；它把自己的研究成果看作是暂时的、可修改的；由此，它肯定了进步并认为这种进步是可以衡量的。"② 这种对于科学的理解在极大程度上影响了他对实用主义方法的阐释。

其次，除科学外，德国古典哲学特别是康德哲学也对皮尔士思想的形成有着不可估量的影响。皮尔士自己承认，他是一个"纯粹的康德主义者直到被迫走向实用主义"（CP5.152）。据说，他曾在长达三年之久的时光中，坚持不懈地以每天 2 小时的时间阅读康德的《纯粹理性批判》，他承认自己终身未能摆

---

① 另见陈亚军《实用主义：从皮尔士到布兰顿》，第 3 页。
② 陈亚军：《实用主义：从皮尔士到布兰顿》，第 8 页。

脱康德的影响。根据陈亚军的总结,这种影响至少可由两个方面看出。①

第一,皮尔士始终没有放弃建立"先验哲学"的梦想。受康德的影响,他一直坚信哲学应当捍卫和运用一种由极为普遍的概念所组成的体系,它适用于一切经验对象。这一点明显体现在他早期所提出的三元范畴理论之中(见正文第一章)。早在19世纪50年代后期,他就试图将康德哲学中的先验分析要素和柏拉图主义的极端形式结合起来,以构建自己的哲学体系。沿袭康德的思路,他主张,经验并不一般地独立于先验,感性经验的性质由无意识的推理所决定,因此,它反映了我们认知结构的特点。当然,他也不是完全无条件地追随康德,在他看来:"康德第一个在不同的判断的逻辑分支中建立起一个表格,并直接从中演绎出他的范畴表……判断的功能和范畴之间的对应是明显而确定的。至此方法是完美的。它的缺点是没有为修改最初的表格提供根据……"②

第二,在一些具体问题的思考上,甚至在某些术语的使用上,皮尔士也受到了康德的影响。根据皮尔士研究专家胡克威(Christopher Hookway)的论证,康德关于分析与综合的区分、关于范畴、关于直观形式、关于观念及其在科学中的作用以及关于美学的观点等,都在不同程度上对皮尔士构建自己的哲学体系起了重要的作用。③ 特别值得一提的是,"实用主义"这一概念的诞生也与康德有着密不可分的联系。根据皮尔士本人的回忆,在他提出实用主义的主张不久,很多朋友劝他改为"实践主义"(practicism),但他并未采纳,原因就在于他接受了康德对于这两

---

① 陈亚军:《实用主义:从皮尔士到布兰顿》,第10—11页。
② 转引自陈亚军《实用主义:从皮尔士到布兰顿》,第10页;另见 E. Flower & M. G. Murphey, *A History of Philosophy in America*, vol. 2, Capricorn Books, 1977, p. 573.
③ C. Hookway, *Peirce*, Routledge & Kegan Paul, 1985, introduction & chapter 1.

个概念的用法。用皮尔士的话说，"praktisch（即 practice）和 pragmatisch（即 pragmatism）差之千里，前者属于这样一个思想领域，那里没有任何实验精神能找到坚固的立足之地，而后者则表达了与确定的人类意图的关联。而新理论（即实用主义）最打动人的特点就是它认识到了在理性认知和理性意图之间有一种不可分割的联系。正是这一考虑，决定了 pragmatism 一词的选用"（CP5.412）。

最后，比起康德哲学与科学，中世纪哲学家邓斯·斯各脱对皮尔士的影响要更专门化一些。邓斯·斯各脱的学说涉及面很广，对皮尔士影响最大的是他的实在论主张。与詹姆斯等人不同，皮尔士一直不赞成唯名论的主张，他选择了实在论，然而又与极端实在论者划清界限，这一立场很接近邓斯·斯各脱的观点。斯各脱既坚持共相实在论又反对将共相与个体割裂开来。在皮尔士看来，这种做法和 19 世纪的科学主张是一致的："一个其形而上学来自自身研究的科学家，……无疑会同意斯各脱的主张。"（CP2.166）根据著名实用主义学者史密斯（John E. Smith）的判断，斯各脱的主张可归结为两点：其一是实在包括共相；其二是实在包括模糊性和真实的可能性。① 前者否定了特定时间中的个体穷尽实在之特征的主张；后者否定了把可能性仅视为某种空洞的虚无的主张。这些都是皮尔士一直捍卫的立场。

三

以上只是根据皮尔士本人的描述，简要考察了其哲学思想的三个重要来源，这有助于我们从总体上把握其思想发展脉络。当然，影响皮尔士思想构造的因素还有很多。事实上，不同的研究

---

① John E. Smith, "Community and Reality", *Perspectives on Peirce*, ed. by R. Bernstein, pp. 98-99.

者已从不同的角度挖掘出了皮尔士哲学体系的诸多思想源头,并进而挖掘出了不同的皮尔士的"思想对话者"。① 如亚里士多德、贝克莱、达尔文、洛克、休谟、爱默生等。不难看出,皮尔士的哲学体系来源众多,他甚至将许多不同的立场和观点都糅进了自己思想体系的建构之中。这尽管反映出他是一位视野开阔的哲学家,但也为后世研究带来了巨大困难:我们似乎很难找到一个核心线索来把握其总体思想。不过,从其整个的哲学研究生涯来看,我们还是能够从其大量散乱的著述中寻找到一个很好的理解其哲学思想的"切入点",此即他所提出的普遍符号理论或曰"符号学"(semiotics)。

那么,我们透过符号学这一视角理解皮尔士哲学的理由何在?对于这个问题,并不存在一个直接的答案。从总体上看,皮尔士的哲学研究始于康德,并且围绕"知识如何可能"这一问题展开。沿着这一思路,我们或许能找到一些"线索"。康德力图阐明科学的客观有效性,为此,他通过对判断形式的逻辑分析,推导出一个范畴体系。这些范畴是最终的要素,知识的所有对象都要用这些范畴来分析。接下来的任务便是证明这些范畴的来源、分类及客观有效性,这正是先验逻辑的主要工作。在这种意义上,康德实际上用先验逻辑取代了由洛克和休谟发展起来的知识心理学。但是,康德的研究方法仍然与作为意识之"极点"的"意识的综合统一"相关联。根据这一概念,康德提出了其先天综合法则,从而取代休谟的心理学联想法则。

在上述这一点上,皮尔士深受康德影响。其早期关于范畴的推导和论证都是在康德式的框架内展开的:试图通过对判断和认知的逻辑分析,推导出一些普遍概念;这些普遍概念作为范畴赋

---

① 陈亚军:《实用主义:从皮尔士到布兰顿》,第12页。

予感性杂多以统一性，从而决定着世界的可理解性。1892年，皮尔士成功地从对命题函项的一元、二元、三元的分类中推导出他的三元普遍范畴——第一性（firstness）、第二性（secondness）、第三性（thirdness）。在这一方面，皮尔士实际上做了类似于康德从判断表进行范畴的形而上学演绎的工作。根据著名皮尔士研究学者墨菲（M. G. Murphy）的分析，皮尔士所提出的三元普遍范畴，根本上还是服务于其普遍符号理论。换言之，前者的提出，是为了锁定后者的形而上学根基。① 在墨菲看来，皮尔士在1867年完成了一个关于三种符号类型的"先验演绎"，这三种符号类型是皮尔士关于符号分类的关键所在，分别是图像符号（icon）、指标符号（index）和常规符号（symbol）；他们分别对应于三种推理模式，即：假说推理（abduction）、归纳（induction）和演绎（deduction）；而三元普遍范畴又蕴含在符号关系或符号过程（semeiosis）之中，后者构成了皮尔士"先验逻辑"的暂时"极点"。

更重要的是，在皮尔士看来，为了说明"这三个基本范畴和三种符号类型的符号学演绎，如何能够有助于说明经验之可能性和有效性的条件"，就有必要把三种基本推论与三个基本范畴或三种符号类型协调起来：第三性和常规符号对应于必然性的演绎；第二性和指标符号对应于归纳；第一性和图像符号对应于假说推理。而这三种类型的推理则是皮尔士"探究"（inquiry）学说的逻辑根基，或者说，皮尔士正是通过对它们的分析，提出了其著名的探究逻辑。而在他本人看来，探究逻辑恰恰又构成了关于实用主义的证明。

---

① M. G. Murphey, *The Development of Peirce's Philosophy*, Harvard University Press, 1961, chapter 3.

四

综上可见，以"符号学"为切入点，不仅有助于我们了解皮尔士哲学的背景，而且也可以很好地将其主要的哲学学说串通起来。概言之，皮尔士的符号理论或曰符号学是对意指过程（signification）、表征、指称和意义的说明。尽管符号理论有着悠久的历史，但皮尔士的符号学却独具一格，这一方面是因为他关于符号的说明博大精深，另一方面则是因为这种说明捕捉到了解释对于符号意指过程的重要性。在皮尔士看来，发展一套完善的符号理论是哲学和智识研究的中心任务。如他本人所言：

> ……我从来没有能力研究任何东西——数学、伦理学、形而上学、重力、热力学、光学、化学、天文学、心理学、声学、经济学、科学史等——除非将它们视为符号学研究的一部分。①

除此之外，皮尔士还将符号理论视为其逻辑著述的关键，视为探究以及科学发现过程的中介，甚至视为"证明"其实用主义的一种可能路径。符号学在皮尔士整个哲学及智识生涯中所占据的重要地位由此可见一斑。接下来，笔者将简要地介绍皮尔士符号学的核心构件。

皮尔士关于符号的定义甚多，其中一种是这样的：

> 我将符号定义为这样一个东西：它由另外一个东西（其**对象**）所决定，并且因此而决定了对一个人的影响，我将这

---

① *Semiotic and Significs*, edited by C. Hardwick, Indiana University Press, 1977, pp. 85 – 86.

种影响称为其**解释项**（interpretant），后者由此而间接地由前者决定。（EP2.478）

该定义反映了皮尔士的基本主张，即：符号由三个相互关联的部分构成，它们分别是符号、对象和解释项。方便起见，我们可以将某个符号视为一个能指（signifier），例如，一个字符、一句话、一股烟等；而将对象视为该符号的所指（the signified），例如，该字符、这句话或这股烟所指示的东西。仅就此而论，皮尔士关于符号的说明似乎并未超出以索绪尔（F. Saussure）为代表的传统二维符号学的核心主张。但是，皮尔士所提出的"解释项"概念，被学界公认为是其关于符号说明的最具创新性的独特标识。

质言之，解释项就是我们对符号-对象之关系的理解。在皮尔士看来，解释项的重要性在于表明，意指过程并非符号和对象间的二元关系；一个符号只能通过解释而有所指。这使得解释项成为符号内容的核心，也就是说，一个符号的意义彰显在它在其使用者中所产生的解释之中。一言以蔽之，任何一个符号都具有一个基本的三元符号结构：符号的指示性要素、对象和解释项。

1. 符号的指示性要素（signifying element）。在谈及符号的基本结构时，学者们通常会笼统地认为"**符号**"是其构成之一。但这种看法极不精确。严格地说，皮尔士真正感兴趣的则是符号的指示性要素而不是作为一个整体的符号。或者说，当皮尔士从指示性要素的角度思考某个符号时，他更关注的是这样一些要素，它们对于该符号作为一个能指的功能至关重要。皮尔士使用了大量术语来表达这个要素，其中包括"符号"、"表征"（representation）、"根据"（ground）等。时至今日，学界通行的用以表达该要素的术语是"符号基质"（sign-vehicle）。

皮尔士认为，一个符号并非在所有方面都发挥指示功能，它有特定的指示性要素。阿特金（A. Atkin）对此提供了生动说明。① 例如，我家院子里有个"老鼠洞"，它被认为是老鼠的符号。按照皮尔士的核心想法，并非这个"老鼠洞"的所有特征均能指示老鼠的出现。"老鼠洞"的颜色显然起着次要的作用，因为它会随着周边土壤的不同构成而发生变化。同样，"老鼠洞"的大小也会因情况而不同，因此，该特征并不是这个老鼠洞能够发挥指示功能的首要特征。阿特金通过这个例子旨在表明："老鼠洞"要作为一个符号发挥其指示功能，洞的类型与老鼠之间必须存在因果关联。也就是说，**因为**老鼠打了这个洞，**所以**这个"老鼠洞"指示老鼠。因此，这个"老鼠洞"之所以能够指示老鼠，首要地是因为它和后者之间存在一种赤裸裸的物理关联。而这种联系即是符号的基质。

2. 与符号一样，并非对象的全部特征均与意指过程相关，也就是说，一个对象因其所具有的特定特征才能被一个符号所指示。根据皮尔士，一个符号的对象与该符号之间的关系是一种决定关系：对象**决定**符号。根据阿特金的论证，皮尔士所说的二者间的决定关系，"最好是被理解为：对象为成功的意指过程施加了某些限制或条件，而不是引起或产生了符号"②。也就是说，如果一个符号要代表其对象，它必须要满足该对象所施加的一些限制条件。不过，只有该对象的某些特征才与这个决定过程相关。回到刚刚提到的"老鼠洞"一例。说老鼠决定了符号，意思就是说：如果这个"老鼠洞"要成功地作为一个符号起作用，那么它必须指示老鼠的物理显现。如果它未能做到这一点，那么它就不能成为老鼠的符号。要言之，一个符号和其对象之间的因果联系

---

① See: A. Atkin, "Peirce's Theory of Signs", https://plato.stanford.edu/entries/peirce-semiotics/, 2010.

② A. Atkin, "Peirce's Theory of Signs", https://plato.stanford.edu/entries/peirce-semiotics/, 2010.

是后者施加给前者的典型特征，而且，该符号要想成功地指示其对象，它必须要表征这种联系。

3. 如前所述，皮尔士符号学的独特之处集中体现在他首创的"解释项"这一概念之中。皮尔士曾在不同时期揭示出了它的诸多不同特征，我们将在第三章对之进行详述。目前而言，笔者将简要论述皮尔士研究者关于此概念的两点共识。首先，解释项是对原初符号的释义或发展，这使得我们能够更透彻地理解该符号的对象。有学者甚至据此提议，皮尔士其实应该将解释项称为"释义项"（translatant）。① 其次，与符号-对象关系一样，符号-解释项关系也是一种决定关系：符号决定解释项。要强调的是，这种决定并非任何因果意义上的决定，相反，符号对解释项的决定是通过如下方式来实现的，即：前者利用自身指示其对象的方式所具有的某些特征，产生并塑造我们的相关理解。例如，一股烟产生或决定关于其对象（火）的一个释义性符号的方式就是：它将我们的注意力吸引到二者之间的物理联系之上。

总而言之，在皮尔士看来，指示过程的任何例示均包含一个符号基质、一个对象和一个解释项。更重要的是，一个符号要指示某个对象，必须要满足该对象所施加的限制，因此，对象决定着符号；同样，符号只能凭其某些特征而指示其对象。而且，符号以特定的方式决定着一个解释项，从而使我们聚焦于对符号-对象关系的某些特征的理解。

由此观之，由符号、对象和解释项所构成的三元结构，是理解皮尔士符号学的核心线索，而后者又是把握其总体思想的基石。鉴于此，本书拟从皮尔士符号学的角度审视其哲学思想，并希望从中挖掘出其当代价值。

---

① D. Savan, *An Introduction to C. S. Peirce's Full System of Semeiotic*, Toronto Semiotic Circle, 1988, p. 41.

第一章 符号学理论的形而上学基础

本章旨在探讨皮尔士符号学理论的形而上学基础，着眼点是其提出的著名的"三元范畴"理论。该理论在皮尔士的思想发展中占据着重要的地位。它不仅为其连续性理论（synechism）提供了基础，而且还为其后期的符号分类理论提供了根基。当然，更为重要的是，他要利用其范畴为科学知识（尤指自然科学）提供一个客观有效的基础。

从最一般的意义上而言，哲学中的范畴就是普遍的概念，这些概念构成事物可理解性（intelligibility）的前提：已经被认识以及可能被认识到的事物都可以被统一在这些概念之下。毫无疑问，皮尔士在这一点上深受康德影响。在皮尔士看来，康德哲学对他最有吸引力的地方就是建立体系的方法。利用这一方法，康德寻求把哲学建立成为一个具有坚实逻辑根基的彻底的和科学的体系。康德体系论方法（the architectonic method）的主要目的就是赋予感性杂多以统一性。为了完成这一点，康德通过对判断形式的逻辑分析，推导出一个先天范畴体系。这些范畴是最终的要素，知识的所有对象都要用这些范畴来分析。

康德认为，我们的知识受先天范畴体系的指引，而皮尔士正是通过对这些先天范畴的批判反思提出并发展了自己的范畴理论。一般说来，皮尔士利用两种方法推出其范畴。①

首先，通过对命题的分析，推导出一些普遍概念（范畴），这些概念赋予感性杂多以统一性。这一论证②是在康德式的框架内展开的。从这个意义上而言，皮尔士无疑是一个康德式的哲学家。我们称之为一般意义上的逻辑分析方法。

其次，关于范畴的现象学论证。皮尔士所说的"现象学"（phaneroscopy/phenomenology），是对于普遍地呈现在我们意识中的东西的描述和分类。对皮尔士而言，现象学的主要目的是决定什么种类的因素是在所有现象里普遍出现的，它们的特性是什么，以及这些因素是如何相互关联的。如皮尔士所言：

> 第一大哲学分支是现象学。其任务就是要辨认出每时每刻都呈现在我们意识中的现象的要素，无论我们是在进行认真的审查，还是经历奇特的变化，或者是像做梦般地倾听施赫亚德（Scheherazade）的故事。（EP2. 147）

因此，在皮尔士看来，现象学的主要问题就是关于范畴的推导。并且证明这些范畴"是自足的，而不会是多余的"（EP2. 148）。

本章的主要任务是考察皮尔士关于其范畴的推导，以及用来支撑这种推导的论证。

---

① 当然，有些学者认为皮尔士利用了三种方法推出其范畴，它们分别是逻辑分析方法、现象学的方法以及以关系逻辑为基础的论证。见 C. Misak, *Peirce*, Cambridge University Press, 2004, pp. 20-21。但是，根据皮尔士本人的观点，第三种方法实际上已经暗含在关于范畴推导的现象学论证中。因此，在分析皮尔士关于其范畴的论证时，笔者将只详细考察逻辑分析方法和现象学的方法。

② 这是皮尔士最早的关于其范畴的论证，集中体现在1867年发表的《论新范畴表》（"On a New List of Categories", EP1. 1-10）一文中。下文简称为"NL 论证"，不再做注。

第一节　范畴演绎：康德与皮尔士

一　康德的范畴演绎

在康德的《纯粹理性批判》中，"形而上学演绎"的作用就是要表明纯粹知性概念的数目和种类。康德的目的就是要指出判断形式表和范畴表之间的对应关系。通过对逻辑判断形式的反思，他做到了这一点。康德证明说，这些判断形式是以某种方式与纯粹知性概念相对应的。

现在的问题是：判断的逻辑形式与纯粹知性概念之间的关系是如何可能的？也就是说，康德是如何通过对判断的逻辑形式的反思推导出其范畴的？考察康德关于"形而上学演绎"的论证，我们有必要澄清如下几个问题。

（一）普遍逻辑和先验逻辑

普遍逻辑（general logic）和先验逻辑（transcendental logic）的区分，是理解康德关于判断的逻辑形式表和范畴表之间对应关系的关键。

在康德看来，普遍逻辑是关于命题形式之间的推演〔关系〕的研究。它只研究被抽去具体内容的判断形式。它的逻辑原理对于任何一个命题都普遍有效，不管这个命题的真值如何，只要在形式上不矛盾，都能得到这种逻辑的认可。因此，"普遍逻辑抽掉一切知识内容，即抽掉一切知识与客体的关系，只考察知识相互关系的逻辑形式即一般思维形式"[①]。事实上，康德所谓的"普遍逻辑"就是知性在建立先验逻辑之前，所遵循的由亚里士多德

---

① ［德］康德：《纯粹理性批判》，邓晓芒译，杨祖陶校，人民出版社2004年版，第54页。

在两千多年前建立的一套形式逻辑。而按照康德的观点，形式逻辑处理的是先天分析命题，"它并不反思自己运用的先天可能性，它只管自己的观念与观念之间相互吻合的'正确性'，而不管观念与对象之间相互符合的'真理性'"①。从这个意义上说，普遍逻辑是先天的，但不是先验的。因为它并不关心我们认识的起源，也就是说不关心我们关于对象的知识是如何可能的。因此，一般的形式逻辑（康德所谓的"普遍逻辑"）并不是关于认识论的。

相反，先验逻辑关注的是"关于对象的经验性思想"（empirical thought of objects）。也就是说，它必须与对象相关：为我们关于对象的知识提供形式条件或"立法"。②康德认为，先验逻辑决定了我们关于对象的知识的起源、范围及客观有效性。其主要任务是要寻求并且研究我们的对象知识是如何可能的。因为在康德看来，一切知识归根结底都是经验知识，因而都从经验"开始"，但并非都"来源于"经验，原因就在于经验知识一旦产生，就包含后天经验性成分和先天成分，二者缺一不可。先天成分除了先天直观形式之外，就是先天知性范畴。先验逻辑就是研究这些范畴的来源、分类、运用及客观有效性的科学。由此可见，先验逻辑的核心是范畴体系，而这些范畴体系在康德看来是由知性建立起来的。根据这些范畴，认识主体"为经验性的后天材料立法、并由此建立起客观对象（现象）的主体能动成分"③。

众所周知，康德《纯粹理性批判》的主要任务是解决"先天综合判断如何可能"，或者一般意义上的知识如何可能的问题。其主体部分就是所谓的"先验逻辑"：认识主体必须要利用先验

---

① 邓晓芒：《康德哲学诸问题》，上海三联书店2006年版，第19页。
② 邓晓芒：《康德哲学诸问题》，第19页。
③ 邓晓芒：《康德哲学诸问题》，第5页。

逻辑的范畴构造对象，从而形成关于对象的知识。那么，我们现在的任务便是要考察康德是如何推导出这些范畴的。

简单说来，关于这些范畴的推导是在先验逻辑的"先验分析论"，尤其是在"概念分析论"（analytic of concepts）中完成的：从形式逻辑关于判断形式的分类中引出这些范畴。既然如此，我们就可以在形式逻辑中寻找一些"线索"。事实上，康德的确为我们提供了一条"线索"，尽管先验逻辑是一种与形式逻辑不同的"特种逻辑"，① 但在康德看来二者都出于同一个知性，所以有待建立的先验逻辑可以而且必须以形式逻辑为其"线索"，而不必像亚里士多德那样在经验中盲目摸索和搜集范畴。②

> 先验哲学具有有利的条件，但也有责任按照一条原则去寻找自己的概念；因为这些概念必须从知性中作为绝对的统一体而纯粹地和未经混杂地产生出来，因而本身必定是依照一个概念或理念而相互关联的。但这样一个关联就提供出一条规则，按照这条规则，每个纯粹的知性概念都能够先天地确定自己的位置，而它们全体就都能先天地确定其完备性，否则这一切都会是依赖于随意性或偶然性的了。③

这样一条"线索"就是形式逻辑关于"判断机能"的分类。沿着这一思路，我们来考察康德关于范畴的"形而上学演绎"论证。

（二）知性机能（function）和判断

既然形式逻辑和先验逻辑都出于同一个知性，那么我们就有

---

① 邓晓芒：《康德哲学诸问题》，第5页。
② 邓晓芒：《康德哲学诸问题》，第6页。
③ ［德］康德：《纯粹理性批判》，第62页。

必要对知性的机能进行考察，从而表明判断形式与范畴之间的对应关系是如何发生的。

知性是自发的，其表象不是直观而是概念，这些概念不是从对象"获得"的，而是由知性自己自发地产生出来的。这就是说它在产生认识的过程中是主动的。知性在运用概念过程中的主动性就表现在把各种不同的表象置于一个共同的表象之下。康德把这种统一性的行动称为"机能"。"我所谓的机能是指把各种不同的表象在一个共同表象之下加以整理的行动的统一性。"① 这种机能在形式逻辑上表现为十二种判断，而当每一种判断形式被用来综合一个直观对象时，就体现为范畴。

> 知性把所予表象（不论是直观还是概念）的杂多纳入一般统觉之下的这种行动是判断的逻辑机能。所以一切杂多只要在"一个"经验性直观中被给予出来，就在判断的诸逻辑机能之一上被规定了，也就是由这一机能带到某个一般意识上来了。……诸范畴不是别的，恰好就是当一个给予直观的杂多在这一机能上被规定时的这些判断机能。②

因此，形式逻辑的每种判断类型都说出了一种范畴，而范畴的作用仅仅在于形成客观的经验知识。换言之，"范畴无非是在每种形式逻辑的判断形式运用于认识对象时从这种运用中显露出来的，其作用也就是使这种运用能够规定某个对象"③。

那么，知性如何运用概念？康德认为，知性只能根据这些概念通过下判断（judging）的形式来运用它们，而且判断正是表象

---

① 邓晓芒：《康德哲学诸问题》，第63页。
② ［德］康德：《纯粹理性批判》，第96页。
③ 邓晓芒：《康德哲学诸问题》，第10页。

被统一起来的方式。例如，我可以将我关于我身体的直观带到可分离性这个概念之下，从而断定我的身体是可分的。通过这个判断，我间接地表征了我的身体。这是知性能够将我的身体表征给我的唯一方式，因为（感性）直观是对我身体的直接表象，而人类知性则是非直观的。

一个更为普遍的判断表明，所有的身体都是可分的。在此，我们以判断的形式将两个概念结合起来，并且，述谓概念（predicate concept）只能通过身体这个概念应用于我的身体。这就使得所有的判断都能够在我们的表象之间的统一性中起作用。既然下判断是知性唯一的活动，那么如果我们能够充分揭示出以判断形式体现出来的统一性机能，那么我们就能够发现知性的全部机能。这恰恰就是形而上学演绎的萌芽。

接下来的首要任务便是揭示出以判断形式体现出来的统一性的机能表。于是，为了寻求范畴体系，康德首先开列了一个"知性在判断中的逻辑机能表"。"如果我们抽掉一般判断的一切内容，而只关注其中的知性形式，那么我们就会发现，思维在判断中的机能可以归入四个项目之下，其中每个项目又包含有三个契机。"① 它们可以确切地如下表所示：

判断表

类型	逻辑形式
量	
全称	All A is B
特称	Some A is B
单称	A is B
质	
肯定	A is B

---

① 杨祖陶、邓晓芒编译：《康德三大批判精粹》，人民出版社2001年版，第115页。

否定	A is not B
无限	A is non-B
关系	
定言	A is B
假言	If A is B, then C is D
选言	A is A or B or C
模态	
或然	A may be B
实然	A is B
必然	A must be B

关于范畴的形而上学演绎的关键点在于，某一显著的根本概念（范畴）包含在具有上述 12 个特征之一的判断之中。有了这个判断表，康德便着手引入一个新的概念，这个概念促使他从判断形式中"引出"纯粹知性概念。

（三）综合（synthesis）

我们在上文已经指出，在康德看来，知性是自发的并且在判断中创造了统一性。知性创造统一性的活动，康德称之为"综合"。知性通过这种行动，赋予形式逻辑的判断形式以有关对象知识的意义。于是，同一个先天的判断形式就变成了先验的范畴。所以康德说："赋予一个判断中的各种表象以统一性的那同一个机能，也赋予一个直观中各种不同表象的单纯综合统一性，这种统一性用普遍的方式来表达，就叫做纯粹知性概念。"① 照此看来，判断的逻辑机能在针对"直观"对象发挥其综合作用时就体现为纯粹知性概念，即先验范畴。

当然，在康德看来，普遍逻辑是用已经给予的概念而起作用的，并且将表象带到这些概念之下。例如，如果我知道所有 A 都

---

① ［德］康德：《纯粹理性批判》，第 71 页。

是 B 并且知道 x 是 A，那么我就可以把 x 带到概念 B 之下。但是康德认为，先验逻辑根本不关心这种程序。概念统摄的东西不是表象，而是关于表象的纯粹综合（pure synthesis）。纯粹综合的过程可分为三个阶段：首先，（感性）杂多必须被给予。空间和时间为我们提供了纯粹的（非经验性的）感性直观形式。其次，想象力将这种杂多综合起来。但这种被综合的杂多还不是认识。最后，知性概念赋予这种纯粹综合以统一性。

至此，我们就能够发现纯粹知性概念（范畴）的起源，赋予感性杂多的综合以统一性的东西就是概念。因此概念是一种机能。康德声称，将直观统一起来的这种机能与在判断中将表象统一起来的那个机能是一样的。倘若真是如此，那么我们就可以据此获悉一个范畴表。

范畴表①

1. 量的范畴	2. 质的范畴	3. 关系的范畴	4. 模态的范畴
单一性	实在性	依存性与自存性	可能性与不可能性
多数性	否定性	原因性与从属性	存有与非有
全体性	限制性	协同性	必然性与偶然性

需要指出的是，康德关于范畴的"形而上学演绎"的合理性依赖于这样一个原则：无论是在分析判断还是在综合判断中，判断的形式都是一样的。否则，他就无法从分析性思维进展至综合性思维。分析的统一和综合的统一都是知性的统一功能，它们在本质上是同构的。基于这个前提，康德成功地完成了范畴的"形而上学演绎"。

当然，构造一个范畴体系的主要困难是认识论上的：如果我们声称我们已经发现了实在的根本构成，那么，我们如何能够为这一主张进行辩护？具体说来，如果我们把实在视为客观的，其

---

① 杨祖陶、邓晓芒编译：《康德三大批判精粹》，第 122 页。

特征独立于我们对它的看法,那么在关于范畴理论的两种核心主张之间似乎存在着一种冲突:首先,范畴为实在的要素提供了最明显的根本分类;其次,我们拥有关于这种分类的先天知识。对康德而言,这个问题就是纯粹知性概念究竟是如何与感性直观相结合的?这正是范畴的先验演绎要解决的核心问题。

现在,我们来简要地分析康德在解决这一认识论的困境时所运用的策略。如果有待认识的实在由不同的物自体构成,并且这些物自体独立于认识它们的心灵,那么,尽管我们可能拥有关于它们的经验性知识,但我们也不可能拥有关于它们的**先天**知识;我们绝不可能说出它们必然是什么,而只能说就我们已经经验到的而言,它们具有某些特征。因此,知识中的先天成分必然不能归因于被认识到的实在的本性,而是要归因于认知性心灵(knowing mind)的本性。所以说,"'我思'必须能够伴随着我的一切表象;因为否则的话,某种完全不可能被思考的东西就会在我里面被表象出来,而这就等于说,这表象要么就是不可能的,要么至少对我来说就是无"①。从这种意义上而言,所有的认识对象都不是现成的东西,而是需要"心灵"加以构造并赋予内在统一性的杂多。而一切直观中的杂多,在康德看来与"我思"有着必然的联系。但这种"我思"是一种自发性活动,它不属于感性(因为感性有待刺激,所以不能是自发的)。康德把这种活动称为"纯粹统觉"。而作为统觉的综合统一性的自我,即是通常所说的纯粹自我或先验自我。"意识的综合统一是一切知识的一个客观条件,不仅是我自己为了认识一个客体而需要这个条件,而且任何直观为了对我成为客体都必须服从这个条件,因为以另外的方式,而没有这种综合,杂多就不会在一个意识中结合起来。"②

---

① 杨祖陶、邓晓芒编译:《康德三大批判精粹》,第137—138页。
② 杨祖陶、邓晓芒编译:《康德三大批判精粹》,第141页。

这么看来，康德对上述认识论困境的解决最终要诉诸一种"意识分析"，① 用先验逻辑取代由洛克和休谟发展起来的知识心理学，从而力图阐明科学的客观有效性。但是康德的研究方法仍然与作为意识之"极点"的"意识的综合统一"相关联。

二 皮尔士的改造

> 在我对康德《纯粹理性批判》的学习中，我打心底里知道，我被这一事实深深吸引：……他的整个哲学建立在关于"判断的功能"或命题的逻辑分类，以及其"范畴"同这些分类的关系的基础之上。然而，他对范畴的研究是相当草率的、肤浅的、微不足道的，甚至是不重要的。……因此，我要对被称为范畴的那些根本概念的逻辑根基进行独立的研究。（CP1.560）

从这段引文中，我们不难看出皮尔士的"野心"：他要对逻辑本身做一次彻底的修改。

皮尔士发现，不同的康德式范畴之间存在依赖关系，这引起了他对康德关于范畴说明的最初怀疑。在 CP1.563 中，他认为因果范畴可以被视为必然性的一种形式：它是一个模态概念，然而，康德却将其同假言判断联系起来，从而把它划分为关系的一种形式。排除这种困难的尝试使皮尔士认识到，在康德的逻辑和判断列表中，存在着某种更严重的错误。例如，皮尔士认为，假言判断和选言判断是可以相互推导的，② 然而，康德的范畴表却

---

① 这里所说的"意识分析"是相对于现代"科学逻辑"的"语言分析"而言的，并非一种关于意识的心理学分析。

② 按照当代逻辑演算的规则，选言、假言、联言判断都是可以相互推导的，用否定词和选言可以表达所有的命题关系。

规定，它们是不可还原的、独具特色的判断形式。范畴间的"相互推导性"（inter-derivability）使皮尔士最终认为，康德并未为其判断列表进行充分的论证。

进一步的研究使皮尔士渐渐脱离了康德，也使得他决心对逻辑进行一次彻底改造。①

（一）皮尔士对逻辑记法的改进②

在传统逻辑中，最基本的一个内容是关于 A、E、I、O 四种直言命题的划分，即全称肯定命题"所有 S 是 P"；全称否定命题"所有 S 不是 P"；特称肯定命题"有 S 是 P"；特称否定命题"有 S 不是 P"。在传统逻辑看来，这四种形式囊括了所有命题，任何命题都可以用其中一种形式来表示，因此，对于这四种命题形式的分析，以及建立在这四种命题基础之上的直接或间接推理，构成了整个逻辑学的几乎全部内容。从以上划分我们不难发现，传统逻辑最基本的逻辑分析就是"S 是 P"，其中"S"被称为主项，"P"被称为谓项，连接主谓项的"是"被称为系词。

传统逻辑最典型的记法就体现在"S 是 P"这一表现形式中。可以说，"S 是 P"是对所有自然语言命题的一般抽象形式，其中"S""P"为逻辑变项，"是"为逻辑常项。长期以来，逻辑学家们似乎已经习惯了这种记法，并以为"S 是 P"就是逻辑学所能达到的最终分析，正如康德所言，在这之上我们不可能有什么实

---

① 参阅 C. B. Christensen, "Peirce's Transformation of Kant", in *The Review of Metaphysics*, 1994 (48), pp. 91–120。

② 皮尔士的逻辑记法是一个相当复杂的体系，其中一些重要思想包括：任何完善的逻辑记法系统都应同时包括图像（icon）、指标（index）和常规符号（symbol）三种符号在内；图像性记法在直观性、直接性上要优越于其他种类的记法；等等。这方面比较有洞见的论述可参见张留华《从记法的观点看逻辑：皮尔士论系词》，《昆明师范高等专科学校学报》2005 年第 3 期。考虑到与本书的相关性，笔者只分析皮尔士对于系词的逻辑处理，而不对其他一些专门而又复杂的逻辑记法系统展开论述。

质性的进步了。①

　　自近代以来，由于受到数学抽象尤其是大量使用变项的影响，逻辑学家们感到传统逻辑"S 是 P"这一命题分析形式具有不彻底性。于是，他们试图通过对逻辑记法的改进，将其中的系词"是"抽象化为逻辑变项。在这一过程中，英国数学家兼逻辑学家德·摩根（De Morgan）迈出了坚实的一步。他首次指出，"是"跟"S"与"P"一样，并非必然具有固定的意义，它也是一般符号，是一个表示"S"和"P"之间联系的任何类型的一般符号，只要这种联系满足某些逻辑规则就行。② 这样，就逻辑而言，"是"的意义就在于满足形式规则。在德·摩根看来，"是"之所以能履行其逻辑功能，仅在于这样的事实：它表达一种确定的关系，一种传递关系。例如，"S 是 P，并且 P 是 Q，所以 S 是 Q"这种推论，其有效性并不依赖于"是"的意思是指"可被断定为……的属性""与……相同""和……一致"，仅在于它代表了一种确定的传递关系，这种关系与通常所说的爱的关系迥然不同。所以，"如果 A 爱 B，并且 B 爱 C，则 A 爱 C"并不是真的。尽管德·摩根只是简要概述了这个学说，但他"提出了关于关系的一般概念，并且在认识史上第一次把关系的概念以及关系的关系符号化了"③。

　　皮尔士深受德·摩根的影响，认为："系词可意味着任何关系，无论这种关系是什么。"（CP3.622）我们通常这样来定义系词：它表达了一个命题的主词和谓词之间的关系。但在皮尔士看

---

① 当然，有人曾提出上述四种命题形式是不够的，应该在主词量化的同时，将谓词作量化处理，如"所有 S 是所有 P"，"所有 S 不是所有 P"，"所有 S 是有的 P"，"所有 S 不是有的 P"，"有 S 是所有 P"，"有 S 不是所有 P"，"有 S 是有的 P"，"有 S 不是有的 P"，等等。但这些依然没有超出"S 是 P"的分析框架。

② ［澳大利亚］约翰·巴斯摩尔：《哲学百年·新近哲学家》，洪汉鼎等译，商务印书馆 1996 年版，第 138 页。

③ ［澳大利亚］约翰·巴斯摩尔：《哲学百年·新近哲学家》，第 139 页。

来，这种定义对于精密逻辑（exact logic）而言非常不精确。"系词的本质作用是表达一个普遍词项或词项集同某个论域（universe of discourse）之间的关系。"（CP3.621）这个论域存在于说话者和听者之间，否则，交流就无法实现。在皮尔士看来，这个论域不是一个纯粹的概念，而是最实在的经验。因此，将一个概念置于同这个论域的关系之中，就是运用一种最特殊的符号或思想来描述它，因为这种关系必然存在，并且与纯粹概念之间的关系迥然不同。而在皮尔士看来，这才是系词的本质作用所在。（CP3.621）它可以通过三种途径实现其功能：第一，全体性地模糊指称论域，即"此时此地性"（ut nunc），如"这是一个大白天"；第二，个别地指称存在于论域中的所有个体，如"所有妇女都爱某个东西"，这是对存在于某个论域中的每一个个体的一种描述，即每一个这样的个体，只要是一个妇女，肯定爱着某个存在的个体；第三，有选择地模糊地指称论域中的某个个体，如"有的有特权的主教被调至另一教区"，就是有选择地对某些个体的特定描述。通过对系词的这样一种逻辑处理，皮尔士敏锐地意识到，一般性条件命题（假言命题的一种）恰好等同于全称直言命题（CP3.621），例如，"如果你真的想成为好人，你就能够成为好人"（If you want to be good, you can be）意味着，"任何可允许被假定的、你在其中想成为好人的确定事态，都是你在其中能够成为好人的事态"（Whatever determinate state of things may be admissibly supposed in which you want to be good is a state of things in which you can be good）；同样，联言命题等同于特称直言命题，例如，"无论某个人是否尽力，他都不能自发地行动，除非物理原因促使他行动"（The man might not be able voluntarily to act otherwise than physical causes make him act, whether he try or not）就意味着，"存在着一种假定性的可允许事态，在其中一个人试图以一种方式行动，却由于物理原因而自动地以另一种方式行动"（There is a state of things hypothetically admissible in which a man tries to act one way and voluntarily acts another way in consequence of physical causes）。因此，我们完全没必要对确立不同〔主词与谓词的〕关系的系词做出区分。无论这种关系是什么，它必然在所有命题形式中保持其同一性，因为这种关系的本质并非由命题来表达，而是一种约定的〔断定〕关系。（CP3.621）

通过以上简要分析，我们不难发现皮尔士在改造康德所依赖的传统逻辑上做出的尝试，而这种尝试促使他决心要对范畴所依赖的逻辑根基进行重新思考。其结果便是简化康德"冗长"的范畴表，从而推导出更为普遍的三个范畴。当然，这与皮尔士"将系词视为关系"①的思想是分不开的；更为重要的是，皮尔士关于其范畴的推导同时还依赖于他关于谓词的逻辑分析。

（二）"述位"和"价分析法"

上述分析表明，如果皮尔士可以通过对传统逻辑中的系词的

---

① 皮尔士的这种观念继承了德·摩根的思想，认为关系相比性质而言，具有更为根本的意义，进而将系词等同于推断关系（illation），并深入研究了系词关系、推断关系和 Barbara 三段论的共同特征。根据传统观点，由词项到推理是一个复杂的过程：词项是命题的构成成分，而命题是推理的构成成分。而皮尔士则摒弃了传统的关于词项、命题和推理之间的区别以及与此相应的类从属关系、断定和蕴涵的区分。相反，在皮尔士看来，每个名词本身就包含"一种未展开的断定"，而一个命题又是一个"未展开"的推理。换言之，无论在任何情况下，我们所使用的东西其基本构成成分都具有同样的逻辑结构。所以，从逻辑的观点看，推理和命题具有同样的结构。而且皮尔士认为所有的命题和推理都可以用"如果……，那么……"或"……所以……"的形式来表达。因此，"A 是 B"也就是断定"任何一个具有性质 A 的事物也都具有性质 B"，根据皮尔士的分析，这无非是说"如果任一事物是 A，则这同一个事物就是 B"。那么，基本的逻辑概念就是推断关系，也就是以"如果……，那么……"或"……所以……"的形式所表达的关系。这种推断关系就是后来所说的"实质蕴涵"。这一点对皮尔士后来的符号学以及实用主义学说产生了重要影响，我们将在下文讨论。当然，皮尔士当时也注意到了我们现在所说的"实质蕴涵悖论"，至于皮尔士对这个问题的解决，并不是本书关注的重点，具体讨论可参见〔澳大利亚〕约翰·巴斯摩尔《哲学百年·新近哲学家》，第 156—157 页。

逻辑功能的改进，从而颠覆康德在进行其范畴推导时所依赖的逻辑根基，那么，他就能够解决我们上文提到的康德式范畴之间的"相互推导性"这一问题。事实上，皮尔士正是通过这一点才得以简化康德式的范畴表，从而推导出更为普遍的三个范畴。正如上文所言，这种推导依赖于皮尔士关于谓词的分析。

皮尔士对于系词这一独特的逻辑关系甚为关注，曾多次在其手稿中专门谈及系词，有时甚至把"三段论"称为关于系词的理论。他所提出的"述位"（rhema）思想，将关系逻辑理论用于改进传统逻辑的主谓分析理论，并使传统逻辑的"S 是 P"记法涵盖和统一于更具普遍性的关系逻辑记法之中。

皮尔士所说的"述位"，是他在逻辑研究中用来表示留有空位的命题的一种符号，相当于我们今天所说的开语句或命题函项。皮尔士指出，如果我们擦去任何一个命题的某些部分，那么它就不再是一个断定形式，而成为空缺形式；如果每一空缺处再被专名填充起来，那么它又成为一个断定形式。这样一种空缺命题形式（它能够被专名填充，从而转换成一个命题）被皮尔士称为"述位"。每一述位中空缺处的数目可以为任何非负整数，如果空缺为零个，就被称为零（medad）述位，即一个完整命题；如果空缺处为一个，就称为一元（monad）述位；如果空缺处为两个，就称为二元（dyad）述位；如果为三个，就称为三元（triad）述位；等等。当空缺处数目刚好为一时，就被称为非关系述位（Non-relative Rhema）；空缺处数目大于一时，被称为关系述位（Relative Rhema）；空缺处数目大于二时，就被称为多元关系述位（Plural Relative Rhema），如"—出价—从—那里—买—"（-buys-from-for the price-）。在皮尔士看来，"述位在某种程度上与带有未饱和键的化学原子或化学基极为相似"（CP3.421）：非关系述位类似于单价基，它有且仅有一个未饱和键（unsaturated bond）；而关系述位则类似于多化合价基。两个单价基相结合可形成一个饱和化合物，与此类似，两个非关系述位相连接可产生一个完整命题。①

皮尔士的上述分析方法同化学中的化合价概念密切相关。② 他所提出的关于谓词的"价分析法"（valency analysis）直接来源于化学中的术语 valence，即化合价。很显然，皮尔士把思想中概念的结合比拟为"化学离子"的组合。例如，他采用"·—"这样的结构表示带有"开放端"（loose end）的实体，即他所说的谓词；这正是化学离子结构的简单变形。正如离子本身的不稳定性一样，由于谓词的开放端所导致的"不稳定性"，这些开放端之间就有可能连接起来，从而形成共同"键"（bond）。例如，"·—"同"—·"连接可形成"·—·"这样的新结构。通过对离子组键技术的分析，皮尔士论证说（CP3.421）：一个单价基与一个双价基结合可产生一个单价基（如 $H\_O\_$）；与此类似，一个非关系述位同一个二元述位相结合可形成一个非关系述位，例如，"-is mortal"与"-loves-"相结合，可产生"-loves something

---

① 根据这种分析，皮尔士认为（CP3.421），词项（term）与命题在逻辑上几乎没有什么差别，词项就是不完整的命题；述位与传统逻辑中的词项在逻辑上是等同的，只是传统逻辑中的词项并未明确认识到自身的非完整性。例如，"人"这个词项实际上就是含有系词的非关系述位"—是人"；"会死的东西"这个词项实际上就是包含有系词的非关系述位"—是会死的"。根据这种理论，对于"人是会死的"这个命题，我们就不必像传统逻辑那样把它分析为"S 是 P"的形式，而是"—是人"和"—是会死的"这两种非关系述位的结合。

② 事实上，现代逻辑的一对基本概念——命题和命题函项，原本就来自化学中的"饱和"和"未饱和"概念。皮尔士用黑点或短线代替语句中的"指示代词"，即逻辑中的自变元，从而得出"—大于—""A 大于—"这种形式，它们分别被称为关系述位和非关系述位，亦即皮尔士所说的谓词，谓词是几元的取决于我们所选择的分析命题的方式。但是，述位并不是命题。值得注意的是，同期的弗雷格也正在独立地进行这方面的研究。他把诸如"……的父亲"这样的命题函项称为"未饱和的"或"不完全的"表达式，从而与专名相区分。详细论述可参见 C. Hookway，*Peirce*. Routledge & Kegan Paul，1985，pp. 85-87；另见张留华《皮尔士：科学家与逻辑学家》，载《自然辩证法研究》2002年第 2 期。

that is mortal"这样一个非关系述位，因为它只有一个空位；两个或任何数目的双价基相结合，可产生一个双价基，因此两个或多个二元述位相结合，就形成一个二元述位，如"-loves somebody that serves somebody that loves-"。非关系述位与二元述位的结合只能产生同一类型的述位；但是，三元述位之间的结合可以产生出所有更高数目的述位：例如，"-gives-to-"与"-takes-from-"的结合，可产生一个四元述位，即"-gives-to somebody who takes-from-"；再把这个四元述位与另一个四元述位（如"-sells-to-for-"）结合起来，就会产生一个六元述位，即"-gives-to somebody who takes-from somebody who sells-to-for-"；等等。

皮尔士论证的要旨在于：所有三元以上的关系都可以化归到三元关系，但是一元、二元和三元关系却不能化归。这也正是著名的"皮尔士定理"（Peircean Theorem），它在逻辑上证明了皮尔士三个普遍范畴的完备性，从而为我们后面将要讨论的普遍符号理论奠定了坚实的基础。

（三）皮尔士关于范畴的一种"非康德式的演绎"

康德所运用的那种传统逻辑把命题分析为一个单一的主词和谓词。如上文所述，皮尔士已经对这种逻辑进行了深刻的批判，并做出了一些重大改进。1885年以后，皮尔士强调：任何一个能够被用来做出断言的命题都必须包含指标（indices）和他称之为"图像"（icon）的表达式。① 后者在皮尔士看来是"未饱和的"（unsaturated），也就是说，它们是不完全表达式。

以此为起点，我们来简要地考察一下皮尔士关于范畴的一种"非康德式的演绎"。具体的论证我们将在下一节展开。

---

① 类似于弗雷格所说的"专名"和"概念表达式"。关于皮尔士所说的这两种符号类型的涵义，我们将在下一章讨论。

第一步：名称（指标）和谓词（图像）是新判断表中的前两项。

既然谓词表达式（"图像"）是"未饱和的"，那么，

第二步：我们就可以根据其"化合价"（valency）对谓词进行分类，把它分为单价谓词（monadic predicate）、双价谓词（dyadic predicate），等等。①

在皮尔士看来，所有推理能够得以表达的一种系统的语言必须包括指标（名称）和图像（谓词）的区分，以及谓词的分类。尽管我们可以根据其"化合价"对谓词进行分类，但是，

第三步：**从数量上而言**（正如在上文所指出的那样），我们至多可以区分三类谓词——一元、二元和三元谓词。除此之外，没有别的。

因此，这样一种语言必将包含一元的、二元的和三元的谓词；并且，从数量上而言，它不可能包含多于三元的谓词。皮尔士为这些谓词表达式所贴的标签便是他所说的第一性（firstness）、第二性（secondness）和第三性（thirdness）的概念。至此，我们得到了他的三个普遍范畴。接下来，我们来考察皮尔士用来支撑其范畴的论证。

第二节 皮尔士的范畴论证

一 "NL 论证"

从某种意义上而言，"NL 论证"是在康德式的框架内展开的，因为它试图通过对判断和认知的逻辑分析，推导出一些普遍概念。

---

① 相当于现代逻辑中的一位、二位、三位谓词等。

这一论证始于这样一个假定——概念化行为（conceptual activity）的功能就是统一或者使感性杂多具有意义。"概念的功能就是把杂多的感觉印象归为统一；并且，概念的有效性就在于，如果不引入概念，就不可能把意识的内容归为整体。"（EP1.1）我们的概念化行为使得我们能够在杂多的感觉印象中发现统一的模式，并且把这些杂多经验为一个单一的统一世界。因此，普遍概念（范畴）是经验统一性的先决条件。这么一来，皮尔士的论证就依赖于对概念化行为的运用方式的说明：世界如何被统一在概念之下。但是，与皮尔士一贯的哲学立场相一致，这种说明不是对我们认知能力的一种心理学意义上的说明，相反，皮尔士为我们提供了一种关于命题和心灵的逻辑学上的解释。因为在皮尔士看来，"知性将感觉印象归为统一，而这种统一性就是命题的统一性"（EP1.2）。如果概念的功能在于赋予感性杂多以统一性，并且如果这种统一性就是命题的统一性，那么，关于命题结构的逻辑分析就成了皮尔士论证的关键所在。

但是，在考察皮尔士关于命题结构的逻辑分析之前，我们应当注意的是，皮尔士关于这个问题的分析具有三个关键特征。这对我们以后的分析具有重要意义。

首先，皮尔士所关注的概念是普遍的：它们被所有能够对经验形成判断的人所掌握，或者可供他们利用；这些概念足以对所有可能的思想或经验对象进行分类。我们知道，我们无法面临或设想一个不服从这些普遍概念的世界。因此，它们必须是构成所有命题的可理解性的必要条件，亦即，它们是限定感觉印象的必要条件。否则，感觉印象就是杂乱无章的。并且，就其作为可理解性的前提而言，这些普遍概念就是范畴。

其次，构成可理解性必要条件的这些普遍概念不可能相互独立地起作用。它们是有序的，"这一理论〔关于概念功能的理论〕

在那些普遍概念之间引起了一种等级观念。因为，某一个普遍概念可以统一感性杂多，而另一个概念则必须要把上述概念同其所适用的感性杂多统一起来〔而起作用〕；依此类推"（EP1.1）。照此看来，概念间的等级由一个结构所划定，在其中，一些概念通过其他概念的中介作用而履行自身的功能。我们将在下文关于符号分类的讨论中指出这种观念的重要性，从而表明其范畴理论同其符号理论之间的关联。

皮尔士拒绝为范畴间的等级次序（根据这个等级次序，范畴所适用的对象得以区分）提供一种心理学意义上的说明。如果我们注意到这一点，那么我们就能够透彻地理解这些范畴之间的等级及其关系。事实上，皮尔士是想把上述说明同逻辑结合起来。其结果便导向了一种关于预设结构（structure of presupposition）以及等级依赖（hierarchical dependence）的观念。墨菲（M. Murphey）指出："只要它们〔范畴〕构造了关于符号与其对象之间的联系概念，而这种概念又是命题统一性的必要条件，那么我们就可以根据对赋予感性杂多以统一性的命题结构的分析，发现这些范畴。"①

由于每一个范畴在这个等级体系中的位置相互关联，所以对这些范畴的确认需要一个特殊的抽象过程——割离（prescinding）。在皮尔士看来，割离不仅是区分范畴所必需的一个过程，而且还是区分三元关系之构成要素的一个必要过程。我们稍后分析这个概念。

最后一个关键特征就是，皮尔士将其关于命题结构的分析同其等级性依赖的观念结合起来。一旦一个命题被完成，亦即，作为一个关于认知经验的完整表达，那么我们就可以在这一命题所

---

① M. Murphey, *The Development of Peirce's Philosophy*, Harvard University Press, 1961, p. 65.

形成的诸多前提中做出区分。

回到先前的分析。我们已经指出,关于命题结构的逻辑分析是皮尔士论证的关键所在;现在,有了上述准备〔关于上述三个关键特征的分析〕,我们就可以进一步分析皮尔士是如何通过对命题的逻辑分析推导出其范畴的。

为了展开其论证,皮尔士首先引入了两个普遍概念——实体和是(Being)。① "与感觉最接近的普遍概念是**一般而言的当下**②(the present in general)。……这个概念,或一般而言的**它**(It),在哲学上也可以被称为'实体'。……"(EP1.1-2)在皮尔士看来,实体概念没有内涵(connotation),它是心灵纯粹的外延能力(denotative power),换言之,是将心灵导向对象的能力。因此,**一般而言的当下**概念无非就是对包含在注意(attention)中的东西的一般性识别,并没有真正的统一性。它代表的是行将被统一的对象。我们设法通过构造关于它的命题而使其获得真正的统一性或者使其具有意义。例如,我们断定某一实体(如我的书桌)是黑色的或是重的。

但是,当我们提到从属于感觉的东西时,似乎总会引入一种心理学上的观察。但这并非皮尔士的真正意图。相反,他想提醒

---

① 胡克威(C. Hookway,1985)认为,无论是在最初的文章还是在1893年的重述中,皮尔士都未对这两个概念进行充分的论证;而豪斯曼(Hausman,1993)则给出了一种猜测,在他看来,皮尔士通过对范畴的现象学描述,已经充分证明了三个普遍范畴的必要性和完备性,单独把这两个范畴列出就显得有些多余。见 C. R. Hausman,*Charles S. Peirce's Evolutionary Philosophy*, Harvard University Press, pp. 97-98。但在笔者看来,这种猜测并未抓住问题的实质。事实上,我们必须根据皮尔士后期关于系词"是"的改造来理解这一问题。关于这种改造以及皮尔士关于谓词的处理,我们在上文已经做了分析。现在要指出的是,皮尔士通过系词的改造,已经取消了系词"是"的任何独立的意义,从而使系词消失在"述位"概念之中,并且将其视为一种推断关系。这么一来,皮尔士就逐步将系词"是"引入到在现代逻辑中占据重要地位的蕴涵记法之中。根据这种分析,我们就不难理解皮尔士为什么未对这两个范畴进行充分论证,并且在其新的范畴表中取消了这两个范畴。

② 重点为皮尔士所加。

我们注意的是，一个命题的断言预设了作为一个普遍概念或范畴的前提条件。如果从这种意义上来理解皮尔士所说的**一般而言的当下**，那么我们就可以推断，一个命题必然使某物成为其所指或使其得到解释。因此，**一般而言的当下**概念，构成了一个命题的外延条件。① 它使得某物的出现成为可能，而主词和谓词的解释性功能决定着这一事物的可理解性。

第二个普遍概念是"是"（being）。在皮尔士看来，这个概念同样没有内涵，它包含的只是谓词和主词的联结。尽管如此，"是"这个概念还是反映了我们渴望得到的关于我们经验的那种抽象统一性。原因在于，知性赋予感性杂多的那种统一性就是命题的统一性，而"命题的统一性就在于谓词与主词的联结；因此，系词中概念，或者说'是'这个概念，完成了赋予感性杂多以统一性的任务"（EP1.2）。认识的功能就是统一实体和"是"。具体言之，就是构造命题，这些命题使得我们经验到的许多事物具有意义。因此，构造关于我们各种经验的命题，并据此在这些经验中发现某种次序（order），皮尔士旨在说明的就是我们如何能够通过构造命题的方式来发现这种次序。在笔者看来，这种说明分为三个阶段。

首先，当我们构造一个关于某物的命题时，我们"除了〔运用〕一个表达实体的词语之外，还要〔运用〕另外一个表达那一实体性质（quality）的词语；'是'这个概念的功能就是将这一性质赋予那个实体"（EP1.4）。例如，在命题"这个炉子是黑色的"中，"这个炉子"这一表达式指称具体实体；"……是黑色的"这一表达式表达黑色（blackness）这一性质，而这个命题作为一个整体所要表达的是，这一性质属于这个实体。因此，如果

---

① C. R. Hausman, *Charles S. Peirce's Evolutionary Philosophy*, Harvard University Press, 1993, p. 99.

我们以命题的统一性说明概念的统一功能，那么一个命题所断定的东西就是，与主词联结起来的谓词述谓的是一种性质。所以在皮尔士看来，"就其最广泛的意义上而言，性质在从'是'到实体的过渡中在顺序上是第一个概念"（EP1.4）。

请注意，当皮尔士说性质是第一个概念时，其意思并非是说它是呈现给知觉的直接观察到的经验材料。"表面看来，性质似乎是在感觉印象中被给予的。但这种内省式的推论是不可靠的。"（EP1.4）相反，皮尔士论证的要旨在于，我们关于某种性质的概念是一个更具中介性的概念。其论证是这样的：

一个命题断定了一个中介概念（mediate conception）可应用于一个较为直接的概念的可适用性（applicability）。既然这种可适用性已被**断定**，那么更具中介性的概念毫无疑问应当独立于具体的应用语境，否则，这两个概念就无法得到区分。在上述那个命题中，"这个炉子"是更为直接的概念；"黑色的"（black）是更具中介性的概念。后者是对前者的述谓，它必须同前者区分开；并且**就其本质而言**，它必须被认为只是体现了一种性质——黑色性，而非被应用于一个对象。简言之，我们关于"黑色性"的理解和掌握独立于我们关于"某一对象是黑色的"的知识；原因就在于，在我们获得关于这个炉子的一定程度的认识之前，亦即，在我们能够运用"黑色的"这个词语统一或者使这个实体具有意义之前，我们就已经理解了"黑色的"这个词语。因此，诚如豪斯曼所言："性质并非直接给予的感觉材料；它是一个中介概念。换言之，它在确立某一断言的过程中起作用，并且与这一断言的条件相关。它在大量不相关的感觉印象中起中介作用。"[①]

如果性质是一种纯粹的抽象，那么它应用于某个实体就完全

[①] C. R. Hausman, *Charles S. Peirce's Evolutionary Philosophy*, Harvard University Press, 1993, p. 100.

是假说性的。在皮尔士看来，作为系词的"是"这个概念虽然不对主词产生影响，但它暗含着谓词的一种"非限定的可确定性"（indefinite determinability）。换言之，如果一个人能够知道某一命题的系词以及谓词，例如"……是一个有尾人"，那么他就能够知道这个谓词至少可应用于某一可设想的事物。但是，具体应用于哪个实体则完全是假说性的。后来，皮尔士将这一观点同下述观念结合起来：我们把性质赋予事物的行为是一种理论化的行为。

> 我看到一个黑色的炉子，有了关于黑色性的直接感觉。但是，如果我断定这个炉子是黑色的，那我就是在用先前的经验同这种经验做比较。我是在用一个熟悉的观念（这个观念是从熟悉的黑色对象中推导出来的）同这种直接的感觉做比较。当我对自己说，这个炉子**是**黑色的时候，我是在构造一个微弱的理论以解释我关于这个炉子的观察。①

我们从中可以看出皮尔士在推导其范畴时所遵循的途径。

我们如何能够构造关于事物的命题？皮尔士对这个问题的回答在于，我们赋予事物以性质；为了统一感性杂多，我们需要性质这个概念。然而，这又会引起另外一个问题：我们如何能够把性质赋予实体？皮尔士对这个问题的解决依赖于我们上文提到的概念间的"等级依赖"这一观念。既然一些概念要通过其他概念的中介作用才能履行自身的统一功能，那么皮尔士就要证明这些进一步的概念是必需的，以便性质这个范畴能够完成赋予感性杂多以统一性的工作。

---

① 转引自 C. Hookway, *Peirce*, Routledge & Kegan Paul, 1985, p. 92。

这就将我们带入皮尔士论证的第二个阶段：我们能够识别事物性质的能力，依赖于或预设了我们能够做出关系判断的能力。

> 经验心理学已经确认了这一事实：我们只有通过某一性质与另一性质的对比或类似才能知道这一性质。通过对比和一致，某物指代的就是其关联物（correlate），如果这一术语可以在比通常更宽泛的意义上使用的话。（EP1.5）

尽管皮尔士对这一问题的说明有点草率和模糊，但我们依然可以发现这一论证的两个核心论点：

1. 性质提供了不同事物所能够共有的特征：事物之所以相似乃是由于它们共有某一性质。并且，如果某一事物具有某一性质而另一事物则缺少这一性质，那么我就可以借此对它们做出区分。

2. 当我们断定两个事物是相似或不同的时候，我们所要做的就是对其相似或差异点进行具体的说明。

如果这种分析是正确的，那么，除非我们拥有性质概念，否则我们就不可能做出关于相似或差异的判断。把"黑色的"这一概念作为假说推理的一部分而引入，就是为了说明我们在黑色事物当中注意到的相似性。这一点与皮尔士对性质这个概念的中介性特征的强调是一致的。

如果我们把性质赋予事物的能力依赖于一种更直接的对相似和差异做出判断的能力，那么我们必须要追问：我们如何才能做出这些判断？对这个问题的回答又将我们带入到皮尔士论证的第三个阶段。

设想，我们要比较字母 b 和 p。我们也许会想到其中一个字母以书写线为中轴翻转，然后这个字母就会叠到另外一个上面，最后我们就可以透过它看到另外一个。照此方式，我们就将形成一个新的意象，由于它所代表的其中一个字母就是另外一个的相似物（当翻转时），所以它在两个字母的意象之间起中介作用。(EP1.5)

尽管皮尔士对这个问题的说明同样有点草率，但他论证的关节点在于引入"中介性表征"（mediating representation）这一概念。①"中介性表征可以被命名为解释项（interpretant），因为它履行解释者（interpreter）的职责，解释者说出了陌生人要说的东西。"（EP1.5）因此，"中介性表征"把〔比较的〕关系项表征为其关联物的一个表征，而这个"中介性表征"本身所表征的正是同一个关联物。简言之，我们把其中一个字母解释为另一个字母的符号；并且，"中介性表征"利用符号的三元关系以实现其比较。事实上，我们可以下述方式来理解这一点：

1. 我们自身能够把一些事物作为其他事物的符号而运用；
2. 我们能够阐明这种能力的唯一方式就是断定这两种事物具有相似性。例如，我们以一个正方形的构造为基础而形成关于另一正方形的预测，并据此把前者作为后者的符号而运用；但是，
3. 我们之所以能这样做，乃是由于我们**预设**了一种性质（如"……是正方形的"）。因此，我们把性质赋予事物的能力依赖于我们既运用二元关系又运用三元关系的能力。

至此，皮尔士完成了关于其范畴的论证。

----

① 在 EP1.5 中，皮尔士列举了一些事例来说明这一概念。例如，相对于听者心灵中的概念而言，一个单词代表一个事物；一幅画像代表一个人，对他而言，这幅画像意指认识概念；风标代表风的方向，当你这么说时，对听者而言，只有当他从概念上理解了它时才有意义；对于他所影响的法官和陪审团来说，律师代表了他的委托人。

是
性质——与基质（ground）① 的关联
关系——与相关项的关联
表征——与解释项的关联
实体

根据皮尔士关于概念间的等级观念，"是"是最抽象、最具中介性的概念；实体概念则最为直接；三个中间概念〔普遍范畴〕按中介性等级从高到低依次排列、按抽象性程度从高到低依次排列。那么，皮尔士支撑这种观点的根基是什么？根据我们先前的分析，其论证依赖于一种特殊的分析机制，这种机制就是上文提到的"割离"。

皮尔士所运用的这种分析机制必须满足如下条件：

---

① 对这一概念的澄清有助于我们理解后面要重点讨论的符号定义以及符号关系，所以笔者想多花一点时间来解释这一概念。在澄清这一概念之前，笔者想先指出它同皮尔士所说的"符号过程"（semeiosis）之间的关系：性质是我们借以解释对象的那个**方面**（respect）〔关于这一点，笔者会在下一章进行论证〕，亦即，我们借助"性质"这个**方面**得以解释对象；因此，性质可以作为我们得以认识对象的**基质**而起作用，从这种意义上说，笔者认为它构成了符号过程的初始条件。当然，这是我们以后要重点分析的问题。就目前而言，需要指出的是，作为第一个最根本的概念〔当然，这里指的是逻辑上的第一！因为在皮尔士看来，所有认识都由先前认识所决定，从而构成一个无限连续的符号解释序列，所以并不存在第一性的直观〕，它是命题的构造条件之一。我们还是以命题"这个炉子是黑色的"（CP1.551）为例来说明这一点。根据上文分析，在皮尔士看来，"黑色的"这个概念并非由于被应用于某个对象而获得其本质，而只是黑色性（blackness）的体现。这么一来，命题"这个炉子是黑色的"与命题"这个炉子中有黑色性"意思就是一样的。照此看来，一种纯粹抽象（pure abstraction）的概念就是必不可少的，因为它是我们理解两个事物是否具有一致性的必要条件。这样一种纯粹抽象（如"黑色性"）就是皮尔士所说的"基质"。根据这种观点，我们可以做一个大胆的推测。〔笔者坚信这种推测是合理的！它甚至是我们理解三元符号关系的基础！〕设"x ='黑色的'（具体化的黑色性）；y = '黑色性'（纯粹抽象，或基质）；z = '这个炉子'（对象）"；并且，令 $F(x, y) = z$ 表示"x 相对于 y 而言代表 z"〔当然，这种表述是根据皮尔士符号学的观点而言的〕，那么，当我们说"这个炉子是黑色的"的时候，或者说将 x 赋予 z 从而使 z 具有意义的时候，我们的意思无非是说 x 在 y 与 z 之间起中介作用。换言之，x **在 y 这个方面上使** z 获得了可理解性。因此，某一具体化的性质或普遍属性借助于"基质"而使事物获得统一性或可理解性。

Ⅰ. 它必须不依赖于心理学以及一些具体科学的方法；

Ⅱ. 它必须表明其范畴真实而又客观地相异；

Ⅲ. 它还必须表明这些范畴是紧密相连的，以至于我们能够知道，比如说，关系范畴紧跟在性质范畴之后。①

割离的目的就是产生出一个完全客观有效的范畴等级序。根据亚里士多德的用法，它是一种分类机制（a device of separation），旨在区分认识中的不同因素。而皮尔士则将其同另外两种分类形式区分开来，这两种形式分别被皮尔士称为"分裂"（dissociation）和"区分"（discrimination）。前者在皮尔士看来是关于意识内容的心理学思考，也是程度最强的一种抽象形式，例如"我可以将红色同蓝色〔在意识中〕分裂开来，却不能将广延从颜色中，或将颜色从广延中分裂出来，也不能将红色从颜色中分裂出来"（CP1.549）；后者则是最弱的一种抽象形式，例如"我可以将红色同蓝色区分开，并且可以将颜色从广延中以及将广延从颜色中区分出来"（CP1.549）。事实上，皮尔士所说的"区分"是一个纯粹的语义学概念。在他看来，我们可以把颜色从广延中区分出来，并且可以把广延同颜色区分开，但不能把红色从颜色中区分出来。我们可以这样来理解皮尔士的论证：例如，我们可以从"某物是红色的"，分析性地衍推出"它是有颜色的"。换言之，从前者推出后者是一种分析性衍推（analytic entailment）关系。这无非是说"但凡红色的事物都是有颜色的"是一个分析命题，这显然不是皮尔士的目的。

在皮尔士看来，割离作为一种抽象形式，其程度高于区分但低于分裂。因此，"我能够将红色从蓝色中割离出来，并且能够将广延从颜色中割离出来（这一点可以从这一事实中得到证明：

---

① C. Hookway, *Peirce*, Routledge & Kegan Paul, 1985, p.95.

我的确相信在我的面部和墙壁之间有一个无色的空间）；但是我不可能将颜色从广延中割离出来，也不可能将红色从颜色中割离出来"（CP1.549）。

但是，割离并非一个互逆过程。通常情况是：尽管 A 不能够从 B 中割离出来，但 B 却可以从 A 中割离出来。颜色不可能从广延中割离出来，但广延却可以从颜色中割离出来，原因就在于：颜色作为一种感觉印象，**预设**①了广延概念〔在皮尔士看来，颜色必然要延伸或占据一定的广延〕；但广延并未预设颜色概念，因为我们有可能设想一个没有颜色的空间。照此看来，每一个范畴都是一个更丰富或更复杂的范畴的必要条件或预设，并且每一个范畴都必然是从更复杂、更直接的概念中割离出来的。这样一种分析机制不仅确保了"NL 论证"的可靠性，而且也是皮尔士后来关于范畴的现象学研究的必不可少的部分。

二 现象学说明

从"NL 论证"过渡到关于范畴的现象学推导，这种转变在某种程度上取决于"新范畴表"中的三个中间范畴与符号过程之构成成分之间的关联。② 首先，"新表"中的第三个范畴——表征（representation），构成了一种符号学上的功能，也就是说，它是一个符号；其次，表征或符号需要解释项。并且，如果存在一个被解释的符号，那么对于解释项而言，就必然存在这个符号所指

---

① 皮尔士通常用 occasion 一词（CP1.549）来说明这种关系。例如，颜色之所以不能够从广延中割离出来，在皮尔士看来，乃是由于颜色概念是必要的广延概念的"诱因"。我们可以这样来理解皮尔士的论证：某一概念 C 之所以被引入，是因为唯有如此，我们方能理解一类现象 P；也就是说，引入 C 的"契机"就是为了说明 P。如果不把集合 P 的元素统一在某一概念之下，我们就无法形成一个关于它们的连贯思想，因此，唯有借助概念 C，我们才能理解 P 的元素。这样的话，P 的元素就不能从 C 中割离出来。

② 参阅 J. Esposito, *Evolutionary Metaphysics: The Development of Peirce's Theory of Categories*, Ohio University Press, 1980, pp.16–18。

称的对象；第三，第二个中间范畴——关系，构成了符号与对象之间的指称关系；第四，构成第一个范畴的那种抽象就是皮尔士在关于符号的定义中所说的基质或方面。

（一）皮尔士现象学的起源

皮尔士坚持认为，关于范畴的推导既需要形式的逻辑分析，又需要观察方法。"范畴表……就是一个概念列表，这些概念是从关于思想的逻辑分析中推导出来的，并且被认为可应用于存在。"（CP1.300）随后他又补充说："每一个范畴都必须通过归纳检验而得到辩护。"（CP1.301）但是，对范畴的归纳验证只能确认其有限的或大概的有效性。于是，皮尔士必须要超越"新表"中的分析方法，因为"NL 论证"仅限于对命题的构成条件的分析。很明显，这种分析并不能延伸至所有的经验。要证明其范畴的完备性和普遍有效性，他必须要超越"NL 论证"，而这一点最终促使他从关于命题构成条件的分析过渡到现象学。

在这一转变过程中，皮尔士首先深化了关于逻辑学概念的理解。[①] 在他看来，广泛意义上的逻辑学就是符号学或关于符号的理论，仅仅是符号学的别名而已。（CP2.227）[②] 它分为三个部分：理论语法（Speculative Grammar），是符号具有意义特征的一般条件的学说；批判逻辑学（Critical Logic），或狭义逻辑学，是符号指称其对象的一般条件的理论；理论修辞（Speculative Rhetoric），又叫方法论（methodeutic），它力求发现一个符号产生另一个符号，特别是一个思想产生另一个思想的法则，很明显，理论修辞

---

① 参见 J. Buchler, "Peirce's Theory of Logic", in *The Journal of Philosophy*, 1939 (36), pp. 197–215。

② 在这一点上，我们可以发现皮尔士符号学的洛克渊源。洛克曾经把科学分为三种，前两种分别为物理学和伦理学，而第三种，他说："可以叫做 Semiotic，就是所谓符号之学。各种符号因为大部分都是文字，所以这种学问，也叫做逻辑学。"见［英］洛克《人类理解论》，关文运译，商务印书馆 1981 年版，第 721 页。

研究的是符号与解释项之间的关联。① 当然，这种关于逻辑性质的观点与其关系逻辑理论紧密相关。

在其后关于"新表"的评论中（CP1.562），皮尔士承认他当时受到了德·摩根关系逻辑的影响。在对关系逻辑的研究中，皮尔士修改了对命题谓词的理解。在他看来，"不能分解的谓词有三类：首先，那些应用于单一主词的谓词，如不及物动词；其次，有两个主词的谓词，如及物动词……再者，有三个主词或相关项的谓词"（CP1.562）。

关于**不能分解的**②谓词的这种分类就是对三种根本的关系类型的分类。这些根本的关系代表了皮尔士在"新表"中所引入的三个中间范畴。它们穷尽了事物间所有可能的关系种类，并因而穷尽了"新〔范畴〕表"中的所有可能的范畴。"是"和"实体"不再作为单独的范畴被列出。它们并非独特的关系，相反，它们是其他三种不可还原的关系的构成部分。但是，皮尔士思想发展到这一阶段——根据表达一元、二元或三元关系的命题来确认范畴，其本身并非观察方法的浓缩。既然如此，我们就有必要研究皮尔士以何种方式为范畴的确认添加了现象学的基础。

皮尔士对命题谓词理解的改变与这一认识紧密相关：谓词可以被理解为包含了系词"是"，它不仅可应用于单一主词，而且还可以应用于多个主词。因此，命题就不再被视为是由系词统一起来的单一主词和谓词的联结；而可以被视为一种关系，其中，谓词作为一种关系可应用于一个或多个主词。当我们说关系可以

---

① CP2.93. 这种三分法是根据皮尔士关于符号的定义做出来的。在他看来，符号就是对某人而言在某个方面或能力上代表某物的东西，亦即，符号根据其定义必定是一种多元关系。关于这一点，我们会在下一章讨论。现在需要指出的是，皮尔士对逻辑性质的深入研究促使他拒绝了逻辑是一种纯形式的探究的观点，并发展出一种关系逻辑理论。

② 这里的意思是指每一类谓词都具有不可还原性。亦即，每一类谓词都履行着自身独特的、必要的统一功能，从而使对象成为可理解的。

作为谓词而起作用的时候，我们的意思是指这种关系就是对主词的述谓。换言之，关系将主词联结起来，从而使其获得可理解性。例如，"这个炉子是黑色的"就是一种一元关系，因为它只有一个主词。"是黑色的"是一个可应用于这个主词的一阶谓词。而"A 是 B 的父亲"则是一个表达二元关系的命题，因为它有两个主词。同样，用皮尔士最喜欢的例子来说，"A 给 C 一个 B"则是一个表达三元关系的命题，因为它有三个主词。这三种关系类型就可以被命名为一元的、二元的和三元的。

运用谓词〔关系〕来确认范畴，其结果便是我们可以在不同类型的关系中发现普遍的概念或范畴。[①] 在 1880 年代中期，皮尔士着手在早期关于范畴的分析和后期分析之间架起一道"桥梁"：

> 我所说的第三，指的是绝对的第一（first）和终结（last）之间的中介或联结。开始就是第一，终结就是第二，中介则是第三。……生命线就是一个第三，剪断生命链条的宿命就是第二……连续性以近乎完美的程度代表着第三性。（CP1.337）

1890 年，皮尔士更明确地表明了向范畴的现象学描述的过渡。这种转向在笔者看来就是对范畴的一种数字化确认。[②] 需要指出的是，对范畴的数字化确认与皮尔士关于数学和逻辑的关系

[①] 当然，在皮尔士早期的"NL 论证"中，"新表"的范畴也可以根据关系来概括。很明显，第二个范畴本身就被称为关系，并且可应用于两个词项；第一个范畴是一种一元关系，因为在皮尔士看来，它是根据"与基质的关联"而得到确认的；而第三个中间概念是与解释项相关的，表达了一种三元关系，这种三元关系将被比较的事物同第三个事物（解释项）联结起来。

[②] 为了正确理解皮尔士的哲学，我们要时刻记住他的哲学体系是坚实地植根于数学之中的。当然，这里所说的数学包括我们现在所说的形式逻辑。在皮尔士的时代，数学和形式逻辑处于激烈的变动之中，而皮尔士在这两个学科里都是积极的参与者。其结果就是，数学和形式逻辑里的新发现往往会影响皮尔士的哲学观点，而且常常会导致他对自己的哲学体系做出重大修改。

的观点紧密相关。在皮尔士看来，所有学科中最基本的就是数学。数学是这样一门科学：它从纯粹假定性的构造物中推出必要的结论，而不考虑这些构造物或从它们当中所推导出的结论是否可应用于任何实在的东西。对于皮尔士而言，数学也包括研究关系的学科，也就是我们今天所说的形式逻辑。既然数学研究的是假设事态，而不考虑这些事态同实在事物之间的关联，那么对范畴的数字化确认（换言之，范畴在数学里的推导）无疑就成为皮尔士关于其范畴推导的最重要的一个环节。原因就在于，数学探讨任何可设想的对象，无论这些对象是实存的，还是仅仅可能的。如果可以证明范畴在数学里是普遍适用的，那么，也就可以证明它们可适用于我们所可能设想的任何事物，包括哲学和特殊科学里的所有事物。于是，在对康德研究的基础上，皮尔士得出了自己的三个范畴，他把它们命名为第一性（firstness）、第二性（secondness）和第三性（thirdness）。我们来简要地考察一下皮尔士的论证（CP1.356）。

任何可能被设想的事物都首先给人们引入一个"第一"（First）的观念，其存在不指向任何其他的事物，它是纯粹的此性（suchness）。

然而，任何可能被设想的事物也可以和另外的某物相区分，这样就引入了"第二"（Second）的范畴。第二性是这样一种形式的存在，由于它的存在，它会对另外某物产生影响，而它相对于此物而言则是第二的，但与任何其他的事物无关。

然而，第一与第二的关系引入了中介的观念，也就是说，让两个对象相互关联。这样我们就有了"第三"（Third）的概念。这个范畴是这样一种存在形式：它的本质特征是从两个事物互相联系的关系中派生出来的。

在皮尔士看来，这种推导并不是一个心理学的过程，因为它不是从我们心灵的运作方式中推出的。相反，它是概念的不受限制的和自主发展的产物，亦即，它是一种数学上的推导。从这种意义上而言，皮尔士也常常把他的范畴称为新毕达格拉斯（cenopythagorean）范畴。① 在毕达格拉斯主义者看来，数字是自然界里有待发现的普遍原理，并且具有自然法则的实在性。皮尔士正是从这种意义上来理解数字一、二、三的。

上述论证表明了皮尔士关于其范畴的数学证明，具体言之，就是对范畴的数字化确认。那么，我们有什么理由说对范畴的数学证明，表明了皮尔士从早期的"NL 论证"转向关于范畴的现象学描述呢？更一般地说，数学和现象学的关系在皮尔士那里到底是什么样的？要回答这一问题，我们就有必要分析现象学在皮尔士哲学体系中所处的基础性地位，并由此证明，皮尔士在现象学里推导出的范畴和他在数学里推导出的范畴具有同样的等级结构。

（二）现象学的基础性地位

现象学，皮尔士又称之为 phaneroscopy，是一门前逻辑（prelogical）科学，它只依赖于数学。② 现象学不仅可以作为哲学的基础，而且也可以作为所有具体科学的基础。然而，数学，或者至

---

① ［美］科尼利斯·瓦尔：《皮尔士》，郝长墀译，中华书局 2003 年版，第 17 页。
② 这一点与皮尔士后期关于学科的分类是分不开的，现象学的基础性地位也依赖于这种分类。根据皮尔士的观点，紧接着数学之后的学科就是哲学，哲学有三个分支：现象学、规范科学（包括美学、伦理学和逻辑）、形而上学；哲学之后则是特殊科学。在皮尔士看来，哲学是一门发现的科学，它运用探究（inquiry）方法促进知识的增长。其他的发现科学的分支被皮尔士称为 idioscopy（特殊科学），它由具体科学构成，这些具体科学依赖于具体的假定、准则以及观察的方法。特殊科学依赖于哲学。而在哲学内部，各分支之间也具有等级依赖性，所以作为哲学第一个分支的现象学是规范科学所依赖的基础。如果哲学的各分支建立在现象学的基础之上，那么从现象学上推导出的范畴就比从逻辑上推导出的范畴更具根本性，因为逻辑作为一门规范科学依赖于现象学。但是，皮尔士并未明确地将逻辑，至少是逻辑的形式部分，从数学中区分出来。笔者的意思是说，从逻辑上推导出的范畴同关于范畴的数学证明是分不开的。因此，在关系逻辑中，从逻辑上推导出的范畴和从数学上推导出的范畴共有从现象学上推导出的范畴所具有的基础性作用。

少是包含形式逻辑的数学,在皮尔士看来,也可以作为所有科学的基础。在 1903 年,皮尔士说道:"规范科学既依赖于数学又依赖于现象学。"(CP1.186)但是,在 1902 年时,皮尔士曾经认为,所有的发现科学,这其中他将数学也包括在内,都依赖于观察。(CP1.239 - 240)倘若如此,那么无论数学具有怎样的根本性地位,它都不足以支撑所有的科学,因为这些科学包括观察性科学,并且依赖于观察。这么一来,相比现象学而言,数学的基础性地位就要受到质疑,而这似乎与其"现象学只依赖于数学"的观点相冲突。尽管皮尔士在前后表述上存在诸多矛盾和不一致的地方,但我们依然可以利用他在"NL 论证"中所运用的"隔离"机制来澄清这一问题。我将给出一个尝试性论证。

如果数学是所有科学中最抽象的,并且排除了实存性的因素(existential consideration),那么我们就可以合理地假定,数学可以从现象学中隔离出来,而现象学本身又可以从规范科学中隔离出来。毫无疑问,这一点与皮尔士的下述主张相一致:

I. 现象学依赖于条件性的(conditional)或假说性的纯粹数学(CP5.40);

II. 规范科学依赖于现象学。

而且,现象学可以被认为并未涉及规范性因素(normative consideration)。那么,我们就可以合理地假定,数学并未诉诸实际的观察。如果这一点是正确的,那么数学作为最抽象的或最具假说性的基础就是根本性的;现象学作为最纯粹的观察性基础也是根本性的。更重要的是,数学具有这样的功能:它为现象学提供了方法和程序,并相应地为所有的科学提供了方法和程序。

如果我们假定现象学是最普遍的经验观察性的科学,那么,对于哲学而言,它必然与数学一起共有基础性的地位。当我们说"现象学只依赖于数学"时，这种依赖性可以从两个方面来理解。

首先，皮尔士赋予"数学"一种更宽泛的意义，它涵盖所有的演绎或"必然性"推理。那么，要寻找一种完备的逻辑语言[1]就是要寻找一种记法系统，这种记法可以被用以阐明数学推理的结构。因此，现象学被用来证实数学推理所能采取的形式。

其次，用于现象学中的方法本身就是数学的方法。[2] 皮尔士认为，数学本身并不需要哲学的辩护或逻辑的批判。倘若如此，那么从现象学上推导出的范畴就具有普遍有效性，可适用于所有可设想的对象。原因就在于，现象学是依赖于数学的，而数学又独立于〔先于〕哲学的辩护或逻辑的批判。所以，皮尔士在现象学里推导出的范畴和在数学里推导出的范畴具有同样的等级结构。接下来，我们简要地说明皮尔士所说的现象学的含义及其特征。

（三）现象学原理

1903年，皮尔士在说明其原实用主义（pragmaticism）[3] 时，诉诸了一种现象学的说明：

> ……作为现象学的研究者，我们必须要做的只是睁开我

---

[1] 在皮尔士看来，这种逻辑语言就是能够用数字来描述其普遍的范畴，当然，这种描述是对范畴的现象学描述。

[2] 在CP5.42中，皮尔士分析了现象学所运用的两种"特殊的技艺"（special arts）：其一就是在"NL论证"中所讨论的"隔离"，运用这种分析机制，我们就能够确定出我们思想和经验的根本特征；其二就是数学家的普遍概括的能力（generalizing power），这样一种方法包含着对抽象的运用，从而获得高度普遍的数学模型以解释现象。

[3] 这是皮尔士自己创造的一个词，以区别于詹姆斯以及后来的一些实用主义者的学说pragmatism。因为在皮尔士看来，他们歪曲了"实用主义"的本来意义，所以他给自己的学说贴的标签就是pragmaticism。根据皮尔士本人的观点，我们可以翻译为"原实用主义"。有关皮尔士在这方面的转变，可参见 K.-O. Apel, *Charles S. Peirce: From Pragmatism to Pragmaticism*, University of Massachusetts Press, 1981。

们的心灵之眼（mental eye），仔细打量某一现象，并且说出这一现象中从未缺乏的特征，而不管那一现象是外部经验迫使我们注意到的某物，还是最疯狂的梦境，抑或是最抽象、最普遍的科学结论。（CP5.41）

现象学所关乎的特征独立于这些特征所限定的那一现象的起源和影响。换言之，就现象的本体论和认识论地位而言，现象学必须要在这些方面保持中立。① 因此，皮尔士又在1905年说道：

现象学是对现象（phaneron）的描述；在这里，现象的意思是指以任何方式或在任何意义上呈现给心灵的全部事物的整体，而与它们是否和任何实在的事物相符合无关。如果你要问，**它何时**呈现并且呈现给**何人**的心灵，我不会回答这类问题，因为我坚信我在自己心中所发现的现象的那些特征，也会时时刻刻呈现于所有人的心中。（CP1.284）

在随后的一段文字中，皮尔士又补充说：

现象学与它所研究的现象在多大程度上和实在相符合这个问题毫无关系。……它〔现象学〕并不进行，而是小心翼翼地回避〔关于现象的〕任何假定性解释。（CP1.287）

在这一点上，皮尔士的现象学所具有的认识论和形而上学上的中立性与胡塞尔提出并发展起来的现象学纲领，具有共同的根基。

---

① C. R. Hausman, *Charles S. Peirce's Evolutionary Philosophy*, Harvard University Press, 1993, p.117.

至于二者之间的关联①，并非本书要考虑的重点。需要指出的是，皮尔士运用现象学最根本的目的是要描述其范畴。所以，其目的并非要提供一种纯粹的现象学，并把它作为其他科学的独立基础，而是要运用现象学的方法来确定最根本、最普遍的存在方式。而且，与胡塞尔不同的是，皮尔士并不关心现象的意向性内容。他只关注被给予的现象本身的普遍特征，并不关注导向现象的注意行为。

因此，在皮尔士看来，现象学是"这样一门研究，这种研究得到关于现象的直接观察的支持，并且概括其观察，从而揭示出一些相当显著的现象种类；描述每一类现象的特征；并进而表明，尽管这些特征混杂在一起以至于没有一种特征能从中被分离出来，但是这种研究依然能够证明这些特征是迥然不同的；然后就是证明可以用一个短〔范畴〕表囊括所有关于现象的这些极其显著的范畴；最后再从事极其艰苦的工作——列举出这些范畴的主要分类"（CP1.286）。

接下来，我们的任务便是考察皮尔士所说的三个普遍范畴的基本含义。但是，在此之前，我们必须能够证明这些范畴是完备的。因为上述论证仅仅表明其范畴是如何推导出来的（正如"NL论证"所表明的那样），并且通过对范畴的现象学描述证明这些

---

① 关于这一点，笔者可以提供一个简单的说明。在 CP4.7 中，皮尔士在谈到胡塞尔时一笔带过，他承认自己对胡塞尔比较敬佩，并且认为胡塞尔"卓尔不凡"。这是我们仅有的一点证据，表明二者相互了解对方的著作。尽管如此，根据二者对现象学的研究，我们还是可以发现一些共同点。首先，皮尔士在使用 phaneroscopy 这个术语时，与胡塞尔的"现象学"（phenomenology）具有相同的条件：研究者必须避免引入关于现象的存在或非存在、实在或非实在、真或假的任何假定。因此，皮尔士和胡塞尔都把现象学设想为一门科学，在其中，关于现象的基础或说明性条件的问题至少在研究的初始阶段必须被悬置起来。在二者看来，现象学的目的就是发现现象共有的结构。其次，就其方法而言，现象学并非心理学的一种形式。因为它排除了心理学的方法，取而代之的是依赖于一种逻辑的方法。最后，皮尔士和胡塞尔一致认为，现象学是一门基础性科学。当然，在皮尔士看来，数学的某些方面甚至要更为根本。关于二者的关联，要说明的就是这些。更详细的分析可参见 C. R. Hausman, *Charles S. Peirce's Evolutionary Philosophy*, Harvard University Press, 1993, pp.118–119。

范畴是普遍有效的。但它并未说明这些范畴是完备的，亦即，皮尔士必须证明其三个普遍范畴之间是不能互相化简的，并且是全部的——意思是说，没有第四、第五、第六，等等。对于范畴这方面的研究，其结果便是我们有时所说的"皮尔士定理"。

（四）皮尔士定理

事实上，我们已经在关于谓词的"述位和价分析法"那一部分，提到了"皮尔士定理"，并对它进行了较为详细的论证。当然，我们在那一部分分析的重点是皮尔士对化学概念的借用，亦即，没有任何二价原子的组合可以产生一个三价原子；但是，三价原子可以产生具有任何数目的自由键的原子。为了更明确地阐释这一问题，我们将在这一部分给出一个更为简明的论证。当然，这种论证只是尝试性的。

我们可以简单地把"皮尔士定理"表述如下：

> 不可能用更简单的关系来定义三元关系；但是所有具有四个或更多关系项的关系可以被简化为更简单的。（CP1.345）

接下来，我们用皮尔士最喜欢的一个例子（CP1.345）来尝试性地证明这一"定理"。

例如：

（1）"A 把一个 B 给 C"表达了一种三元关系，这种关系具有不可化简性。

证明[①]：

[①] 需要说明的是，这一证明只是对皮尔士复杂表述的一种简明的公式化说明。具体的论证远比这要复杂，关于皮尔士本人的论证，可参见 CP1.284－353 或 CP5.41－65；另外，有关皮尔士论证的分析可参见 C. Hookway, *Peirce*, Routledge & Kegan Paul, 1985, pp.105－111。

假设我们把这种关系化简为:

Ⅰ.A 将对象 B 放下,或给出 B(A 和 B 的关系);

Ⅱ.C 拣起 B,或得到 B(C 和 B 的关系)。

在皮尔士看来,除非 A 打算将 B 给 C,并且 C 意识到 A 有这种意图,否则,给予关系就不能发生。

由于命题Ⅰ和命题Ⅱ所表达的只是孤立的二元关系,B 并未在 A 和 C 之间起到真正的中介作用,所以,命题Ⅰ和命题Ⅱ的合取推不出"A 把一个 B 给 C"这样一种三元关系。

因此:

"A 把一个 B 给 C"具有不可化简性。

(2)"A 给 B 一个 C 和 D"表达了一种四元关系,这种关系可以化简为更简单的三元关系。

证明:

按照同样的方法,将其化简为两个子关系

Ⅰ.A 给 B 一个 C;**并且**

Ⅱ.A 给 B 一个 D。

Ⅰ和Ⅱ是两个表达三元关系的命题。这样做之后,并未丢失任何信息。也就是说,命题Ⅰ和命题Ⅱ的合取与"A 给 B 一个 C 和 D"在逻辑上是等值的。

因此:

"A 给 B 一个 C 和 D"可以化简为更简单的三元关系。

皮尔士对其定理的核心论证是,三种事物的组合是构成更高的次序关系的必要和充分条件。在其《猜谜》(*A Guess at the Riddle*)一书里,皮尔士用下列类比以支持其观点,当然,这种类比只是数学里绘图方法的一个应用。

一条只有三个分岔的道路可以有任何数量的终点,但是一端接一端的直线道路只能产生两个终点。因此，任何数字，无论多大，都可以在三种事物的组合基础上产生；其结果便是，没有任何观念可以包含一个与三的观念极为不同的数字。(W175)

通过对范畴的这种证明，我们可以得知：与所有的数学实践一样，现象学关注的是必然性；第一性、第二性和第三性都是抽象的数学实体（mathematical entity）。数学上的断言并不代表对实在的断定；我们不能用真或假来评价这些断言。事实上，皮尔士声称，这些必然性是先于真理的：它们具有一种更根本的有效性。这样看来，范畴理论并不是描述实在结构的一种尝试，相反，它旨在揭示真实和虚假，以及所有能被思想或想象的东西所共有的必然结构。

第三节　三元范畴

在"NL论证"之后，尤其是在对谓词进行仔细的研究之后，皮尔士说：

> 仔细的分析表明，与不可再分的概念的化合价的三个等级相对应的是谓词的三个等级。首先就是"第一性"，也就是主词自身的肯定的内在特性；其次是"第二性"，也就是某一主词或实体对另外一个主词或实体的原始（brute）影响；最后是"第三性"，也就是某一主词或实体对另外一个主词或实体的心理或准心理的影响，并且这种影响与第三相关。(CP5.469)

在对范畴的现象学描述中,皮尔士这样来定义其范畴:

第一性作为一种存在方式,是肯定的(positive),并且不指涉任何其他的东西;

第二性作为一种存在方式,与一个第二相关,但是这种关系不考虑任何第三;

第三性作为一种存在方式,将第二性和第三性带入到相互关系之中。(CP8.328)

皮尔士曾先后多次定义其范畴,并且举了大量的例子来说明它们。为了提供一个清晰的线索,我们试图从中发现其论证的要旨:在大量相关的论述和例证中,我们发现,皮尔士似乎是以一种类似于"先验演绎"的方式在对其范畴进行说明,换言之,是对范畴作用于对象的方式的说明。而这似乎是我们正确地理解其范畴的唯一合理的途径。[1]

一 第一性

在皮尔士的三个普遍范畴当中,对第一性的理解和把握最为困难。我们只能根据皮尔士大量零散的论述作一番简要的说明。

第一个范畴或第一性,是关于性质(quality)的范畴。在皮尔士看来,最典型的第一性观念是感觉的性质(Quality of Feeling),或纯粹印象(CP8.329)。每一种现象都具有质的方面,或

---

[1] 尽管许多皮尔士研究者花了大量的精力试图阐明皮尔士所说的三个普遍范畴的含义,但在笔者看来,他们都未捉住皮尔士论证的要旨。他们的研究并未超出皮尔士本人的做法:通过大量的例证来说明它们。事实上,皮尔士想要说明的是其普遍范畴是如何作用于对象的。通过对范畴运作方式(就构成事物可理解性的前提而言)的说明,皮尔士阐明了其范畴。当然,这种运作方式与他的普遍符号理论,尤其是关于符号的基本分类(图像、指标和常规符号),以及与他关于研究逻辑的分类(归纳、演绎和假说推理),甚至与他的"共同体"观念都是紧密相关的。这些都是我们下文要讨论的主要问题。

者一种直接的显现。因此,所有现象所共有的最简单的因素就是其自身的显现性(present-ness),并且这些因素独立于任何其他的事物,不和任何其他的现象发生关联。从这种意义上而言,皮尔士认为它是现象的独特"风味"(flavour)(CP1.25)。换句话讲,第一性是一种不具关系的简单性质,"在其中,没有关系,没有比较,没有可以辨认的多重性,没有变化,没有有关存在着的东西的任何改变的想象,没有反思。除了一个简单的肯定的特性之外,什么都没有"(EP2.150)。正因为如此,现象的质的特性并不具有某一特殊性质所具有的具体的、可辨认的特征。在这一点上,我们认为,皮尔士的第一个范畴似乎类似于康德的感性杂多,这些感性杂多**有待于**被统一或者被理解。如果从这种意义上来理解皮尔士所说的第一性,那么我们可以合理地推测:第一性作为感觉的一种性质或纯粹印象,代表的是一种"肯定的质的可能性"(positive qualitative possibility)。

假设,我观察到一个红色的对象——皮尔士运用的例子[①]是伦敦皇家卫兵的制服。那么,我所观察到的东西所包含的因素可以从三个范畴中引出:卫兵被经验为我之外的一个**他**(other),并且正在有规律地行进。但是,皮尔士论证说,我可以把注意力集中在制服的颜色上,并且将它〔颜色〕从〔卫兵〕受规律支配的行为中隔离出来。简言之,皮尔士想要表明的是,这样一种性质(如,制服的红色),其本身并非取决于它被知觉到或者被记起。当然,这并非意味着我们不能知觉或回忆它。相反,皮尔士的意思是说:当我们在知觉或回忆时,我们可能会把某种解释添加给这一性质,但是,我们必须摒弃这种解释,因为它并不属于这一性质。例如,当你回忆它时,你关于它的观念是模糊的;当

---

① *Semiotic and Significs*, edited by C. Hardwick, Indiana University Press, 1977, p.24.

它呈现在你眼前时，你的观念就是生动的。但是，模糊性或生动性并不属于你关于这一性质的观念。"红色性（redness）并不能被视为你的，也不能被认为是附属于制服的〔一种性质〕。它只是一种特殊的肯定的可能性，与任何其他事物都不相干。"（CP8.329）

但是，在皮尔士看来，这类范畴包括现象的许多性质，比如红、苦、乏味、硬、令人心碎、高贵等。如果我们用这些例子来描述这一范畴，势必会面临一个困境：每一个例子都是对其他事例或其他种类的事物的一种暗示，以便我们能够辨认被谈及的某一事例。换言之，任何企图描述第一性的尝试都必然包含一个悖论：一旦关于第一性的某一实例得到辨认、命名和描述，那么第一性就会"一去不复返"，不再是一个第一。皮尔士似乎注意到了这个悖论，所以他提醒读者："直接呈现给某人的全部东西是当下这一瞬间出现在他心中的东西。……但是，如果他问当下这个瞬间的内容是什么，那么他的问题总是来得太迟。当下已经过去，留下来的内容已经面目全非。"（CP1.310）

果如其言，那我们如何才能圆满地描述从属于第一性范畴的那些东西？根据皮尔士的论证，我们似乎可以把有关第一性范畴的例子视为属性或性质的限定（condition）。① 如豪斯曼所言："作为性质的限定，这些事例处于不定的'等待'之中，等待着被确定。"② 我们以皮尔士有关第一性范畴的几个核心论断为证据，以支持我们的推测。

Ⅰ．"性质是一种纯粹的抽象的潜在性"（CP1.422）；

Ⅱ．"第一性作为一种存在方式是如此地肯定，以至于不和

---

① 请注意，尽管我们可以做出这种推测，但是关于第一性的事例，即使数量再多，也不能穷尽这一性质。回想一下我们在"NL论证"中关于〔性质〕的分析：我们把性质赋予对象，这是假说推理的一部分；亦即，某一性质具体应用于哪些对象，完全是假说性的。

② C. R. Hausman, *Charles S. Peirce's Evolutionary Philosophy*, Harvard University Press, 1993, p. 125.

任何其他的东西发生关联。它只能是一种可能性"(CP1.25);

Ⅲ."性质是永恒的,独立于时间和任何具体的实现"（CP1.420）。

以上论题表明：纯粹的第一性是质的确定性（qualitative determination）的前提条件。因为就第一性而言,只要事物之间不发生相互作用,那么关于这些事物有任何存在的说法都是无稽之谈,除非它们存在于自身之中,这样它们才能与其他事物发生关系。例如红色的存在方式,当宇宙中任何红色的事物出现之前,红色的存在方式永远不会有真实的质的确定性。因此,"红色性存在于其自身之中,即使它得到体现,也是某种肯定的、自成一类的东西,我把它称为第一性"（CP8.329）。

我们以上对皮尔士所说的第一性范畴做了一番逻辑和本体论上的描述,除此之外,第一性范畴还具有形而上学上的含义。

在谈到范畴的表现时,皮尔士说："关于**第一**（First）的观念在诸如新鲜、生命和自由这样的观念中占主导地位。"（CP1.302）而"自由只能在无限制、无拘束的多样性和多重性中显示自身;因而第一性在不可估量的多样性观念中占主导地位"（CP1.302）。尽管皮尔士在关于范畴的现象学研究这一语境中已经提供了关于范畴的形而上学描述,但是后者依然在其一篇手稿中得到了证明——"我认为有三种存在方式……它们分别是'肯定的质的可能性'的存在、实际事实的存在、支配未来事实的规律的存在。"（CP1.23）就第一个范畴而言,当我们用"肯定的"这个词语来修饰"质的可能性"的时候,就将我们导向了第一性在世界中的作用,也就是说,它是在关于事实（facts）的场境（context）中起作用的。

二 第二性

第二个范畴或第二性,是关于事实性（facticity）的范畴。所有现象都共有的第二个因素是，无论我是否喜欢，它们都显现；也就是说，它们把其自身强加给我们。这种强迫性引入了第二（Second）的观念。所以，我们可以把它称为第二性范畴。

在皮尔士看来："我们生活在两个世界里，一个是事实世界，一个是想象世界。"（CP8.330）前者被皮尔士称为"外部世界"，后者被称为"内部世界"。我们只能通过"自主的力量"（voluntary muscles）来控制内部世界，以便能够养成对外部世界做出反应的习惯。但是，只要我们一直在思考那种构成经验的东西，那么它就是对我们的一种强制，一种绝对的限制。倘若我们不能够控制我们的习惯，那么经验的方面就会时时扰乱我们的内部世界。而限制与强迫若没有阻力就不存在，阻力是一种对抗变化的努力。因此，在皮尔士看来："最典型的第二性观念是关于努力的经验。"（CP8.330）

从现象学的观点看，第二性是现象中不可分解的因素，由于这一因素依赖于其他事物，所以现象又将它同另外某物联系起来。但是，这种依赖性是二元的。换句话说，就第二性而言，所有现象所显示的关系都是这样一种关系：在其中，一物同另一物相关联，但是这种联系不依赖于任何其他的事物或者任何**第三**（Third）。有关现象这一方面的事例可以在因果关系中找到。"关于第二的观念〔第二性〕在因果性和静力观念中占主导地位。因为原因与结果是两元组；静力通常发生在成对事物之间。"（CP1.325）

从逻辑的观点看，这种关系具有二元本质。例示第二性的二元关系必须从这样一种描述中隔离出来：根据这种描述，我们可以说出哪些种类的事物是相关的；这种描述预设了一个有关被认识到的属性和关系的系统。根据皮尔士所运用的隔离策略，作为普遍范畴的第二性，二元**关系本身**必须从这种描述中隔离出来。

如果第二性被经验为抵抗（resistance）和限制，那么它也可以在斗争①（struggle）中被经验到。"我发现第二个范畴……是斗争的成分。"（CP1.322）如果用斗争来概括有关第二性事例的二元性特征，那么这就意味着，存在两种相互独立的事物：某物之为某物，取决于它同另一物的联结。②

当皮尔士借助我们经验中的斗争、外部性和原始的侵扰（brute intrusion）以描述第二性时，他实际上向我们指明了其他一些描述第二性的方式。"现象中的第二种普遍因素归属于'实际事实'（actual fact）的存在方式。"（CP1.23）因此，凡是我们遭遇到的东西都被经验为事实，经验为在某种程度上抵抗或反抗我们意志的某种东西。由于我们所遭遇到的抵抗独立于我们对它的解释，所以皮尔士又把第二性称为某种粗野的东西。每当我们遭遇到对我们意志的抵抗、每当我们辨别事物间的差异时，第二性就会得到例示。但是，第二性先于对这些辨别的理解。

现象在其第二性方面都是粗野的，这一观念促使皮尔士认为，前两个范畴**就其自身而言**并非关于可理解性的范畴。所有现象的前两个方面〔第一性和第二性〕并未使现象成为可理解的。可理解性需要中介，亦即，通过一个第三（Third）将一物同另一物联系起来。只要现象是可理解的，那么它们必然是处于中介关系中的成分。中介关系例示了第三个范畴或第三性。因此，第三性是三元的，而第一性则是一元的，第二性则是二元的。

三 第三性

正如上文所言，第三性是关于可理解性的范畴。关于这一论

---

① 皮尔士所说的"斗争"，指的是两种事物之间的相互作用，并且这种作用与任何第三或中介都无关，尤其是与任何有效法则无关（CP1.322）。

② 皮尔士的这种观念是因果观的精髓所在：原因之为原因依赖于其结果；结果之为结果依赖于其原因。有关这方面的详细讨论，可参见 C. R. Hausman, *Charles S. Peirce's Evolutionary Philosophy*, Harvard University Press, 1993, p.129。

题，我们可以做如下论证。

从皮尔士现象学的观点看，第三性可以被概括为现象的普遍方面，正是这一方面通过可重复的例证显示出其持久性。由于概括需要更多的事例，所以现象可重复的方面使得对事物的概括成为可能。作为概括的前提条件，第三性与认知性关注（cognitive attention）极为相似。而出现在认识中的东西包括了一种假说性因素在内，由于这种假说性因素具有这样一些倾向（或条件预测的前提）：作为组成世界的习惯而起作用，从而使得世界是可理解的。照此看来，第三性就是关于规律的范畴，即关于现象之规律性（lawfulness）的范畴，而现象的规律性又促使我们以观察到的〔现象中的〕倾向为基础，预测未来的事物或事件。"当我们神志清醒时，如若不做出某种预测，我们几乎连五分钟都不能度过；……但是，预测从根本上说具有普遍的性质，不可能完全实现。当我们说预测具有得以实现的明确倾向时，无非是说未来事件在某种程度上的确受到规律的支配。……如果预测具有得以实现的倾向，那么它必然是这样一种倾向：未来事件总是遵从普遍的法则。……这种存在方式就在于这样一种事实：关于第二性的未来事实具有一种确定的普遍特征，我称之为第三性。"① （CP1.26）作为规律性，第三性赋予事物以联系的倾向。而认识就取决于事物间的联系。从这种意义上而言，我们可以认为第三性是关于可理解性的范畴。

既然第三性是关于可理解性的范畴，那么"所有真实的三元

---

① 这一点也揭示了皮尔士实在论的进化维度。事实上，皮尔士的确把第三性视为我们关于未来认识的一种前提条件。在 CP1.343 中，皮尔士说："……我们不断地预测'什么会发生'（what is to be）。根据我们关于它的观念，它〔要发生的事物或事件〕绝不可能完全成为过去。一般而言，我们可以说意义是不可穷尽的……由于这个原因，我将现象或思想之对象中的这一因素称为第三性的因素。它之所以是其所是，乃是由于它将某种性质赋予未来的反应。"

关系都包含着意义"（CP1.345）。关于这一点，我们可以从如下两个方面来理解。

首先，就有意义的（或可理解的）行为而言，真实的三元关系是其充分必要条件。一元和二元关系都不足以完成三元关系的功能。关于这一点，我们已经在关于"皮尔士定理"的分析中做了说明。为了强化我们的论证，有必要做进一步的分析。

根据皮尔士的观点，我们可以把三元关系概括为如下形式（CP5.473）：

> 事件 A 产生第二个事件 B，而 B 是第三个事件 C 产生的中介。

其独特性就在于：1."A 产生 B"的条件是"B 将要产生或极有可能产生 C"；

2."A 不可能产生 B"的条件是"B 不会产生 C，或者产生 C 的概率极低"。

满足上述条件，我们就可以区分下述两个事例：

Ⅰ. 事件 E 促使我们相信 P；

Ⅱ. 我们把 E 视为事实 P 的证据或符号。

在事例Ⅱ中，我们关于 P 的信念取决于我们对 E 的评价，或者说依赖于我们对 E 的理解或解释；事例Ⅱ承认我们误解 E 或者错误地解释 E 的可能性。但在事例Ⅰ中，这样说则是不恰当的，因为在其中并不必然存在关于 E 的任何评价或解释。为了说明Ⅱ的独特性，我们必须关注意义是如何在关系中产生的。对皮尔士而言，也就是要说明解释项是如何产生的。为了说明这一点，我们必须了解第三性同符号过程之间的关联。

其次，"就其真实的形式而言，第三性是存在于符号、对象和解释性思想〔即解释项，其本身也是一个符号〕之间的三元关系，我们可以这样来思考它：它构成了符号之为符号的〔存在〕方式。一个符号在解释项和其对象之间起中介作用"（CP8.332）。当且仅当符号关系的三个组成部分之间发生相互作用和影响时，意义方可产生。因此，当我们说"A 意指 B"时，这种意指关系必然依赖于第三方 C，因为只有当 A 对于解释项 C 而言意指 B 时，它才能意指 B。但是，解释项本身也是一个符号，或者一个深化的符号。这个符号又同其对象和解释项发生三元关系，从而形成一个无限连续的符号解释序列。意义就存在于这样一个符号过程（解释项不断产生的过程）之中。因此，符号关系例示了第三性。而关于符号关系或符号过程的详细说明则将我们引入接下来要讨论的主题——皮尔士的符号理论。

作为本章的一个小结，我们有必要初步勾勒出皮尔士的普遍范畴同其符号学的关联[①]，以便我们展开更深入的论证。

1. 第一性是关于一元关系的范畴。就这一方面而言，它是关于质的可能性的范畴，或者说是具体性质的前提条件。与之对应的符号类型是"图像"（Icon）。这种类型的符号蕴含于知觉判断的每个谓词中，从而把被感觉到的实在世界的性质整合起来。

2. 第二性是关于二元关系的范畴。这种二元关系是两个关系项之间的动态的、因果性联系。这两个关系项可以指称世界中相互冲突、相互对抗的对象，也可以是自我与非我。因此，从某种程度而言，第二性是关于他性（otherness）的范畴。与之对应的符号类型是"指标"（Index）。这种类型的符号必然出现于每个知觉判断的主词中，从而保证由谓词所决定的对象的时空同一性。

---

① 参见［德］卡尔-奥托·阿佩尔《哲学的改造》，孙周兴、陆兴华译，上海译文出版社 2005 年版，第 94—95 页。

3. 第三性是关于可理解的意义的范畴。只要现象是可理解的就必然包含着中介，就这一方面而言，它出现在所有的现象中。与之对应的符号类型是"常规符号"（Symbol）。这种类型的符号是对某物之为某物进行概念表达的基础或中介，其主要功能是通过概念表达完成对事物的综合统一。

4. 关于意义的观念不能化简为性质和反作用的观念，它产生在真实的三元关系之中。这种论断依赖于两个主要前提：（1）所有真实的三元关系都包含意义；（2）真实的三元关系绝不可能由二元关系和性质（一元关系）建立起来。在这一点上，符号关系是第三性的完美体现：符号、对象和解释项构成一个完整的意义整体。

第二章 符号学理论的认识论基础

本章旨在探讨皮尔士符号学理论的认识论基础,它分为两个方面:其一是对笛卡尔主义认识论的反驳;其二是基于这种反驳所提出的关于思想和心灵的分析。皮尔士在这两方面的工作集中体现在19世纪60年代发表在《思辨哲学季刊》的三篇经典文章中,分别为:

①《关于所谓的人所具有的一些官能的问题》(Questions Concerning Certain Faculties Claimed for Man, EP1. 11 – 27. 下文简称"QFM");

②《四不能的一些推论》(Some Consequences of Four Incapacities, EP1. 28 – 55. 下文简称"CFI");

③《逻辑法则有效性的基础:四不能的进一步推论》(Grounds of Validity of the Laws of Logic: Further Consequences of Four Incapacities, EP1. 56 – 82. 下文简称"GVL")。

这三篇文章的核心论证是要为心灵和实在提供一种逻辑说明。这种说明与皮尔士的一贯主张相一致:思想是连续的;思想的连续性从而使得它能够作为符号而起作用。这正是其早期的"思想-符号"(thought-sign)理论所要表明的核心观点:每一个思想都解释一个先前的思想,并且都要被一个后继的思想所解释;每一个思想只不过是"思想-符号"的无穷倒退和无限递进序列中的一个瞬间而已。我们由此可以推断：并不存在不由先前认识所决定的认识，或者说认识并不是由其对象所直接决定的。既然认识并非由其对象直接决定，那么就不存在直观知识。确立上述准则并且从中推出一些结论是1868—1869年系列文章的主要任务所在，从而也表明了皮尔士明确的反笛卡尔主义的意图。

第一节 对笛卡尔主义的反驳

皮尔士对笛卡尔主义的反驳集中体现在"QFM"和"CFI"这两篇文章中。其论证的要旨集中体现在对近代西方哲学"主体"概念的反驳上，笛卡尔称之为"心灵"。这一论证的结果导向了一种关于心灵的逻辑分析，我们有时也称之为"思想-符号"理论，或者一般而言的"符号心灵观"。

"QFM"的主要目的就是要确定知识的可能性和限度。为了实现这一目的，皮尔士集中讨论了七个问题。考虑到与本书的相关性，我们并不对其论证的细节进行一一分析，而只是从其对几个核心概念的反驳着手，提供一个简要的说明。

一 认知性直观

在皮尔士看来，笛卡尔主义的一个核心观念就是我们具有关于对象的直观知识。因此，皮尔士首先对这一观念进行了反驳，事实上，"QFM"的首要目的就是要证实并不存在认知性直观（cognitive intuition）。皮尔士所说的认知性直观"指的是这样一种认识，它并非由关于同一对象的先前认识所决定"（CP5.213）。从这种意义上说，直观是这样一种认识，其内容反映的并不是产生这一认识的其他认识，而是"自在之物"（things as it is in itself）对思想的直接影响，但"自在之物"本身（康德意义的

"物自体")不可认识。

针对这一观念,皮尔士论证说①,我们无法直观地将这种认知性直观同由其他的认识所决定的认识区分开来。这样一种区分依赖于推理:将经验的某一事例同另一事例联系起来,或者将其同某一先验对象关联起来。如若是后者,那么这种区分本身就已经预设了我们具有认知性直观的能力,这在逻辑上是行不通的,因为正如皮尔士所指出的那样,这样一种区分必须以推理为基础。因此,凡是被断定为知识的东西都必须是一个体系的一部分。它们必须通过相互间的联系而起作用。很明显,这种认识观念是皮尔士将思想等同于符号的基础:在所有认识中,都包括某种解释性因素在内。

---

① 据皮尔士考证,Intuitus 作为专门术语首次出现在安瑟尔谟的《独白》中。安瑟尔谟希望区分关于上帝的知识与关于有限事物的知识;在中世纪,"直观认识"主要有两层意思:第一,相对于抽象的认识,作为当前所呈现的知识,安瑟尔谟就是在这种意义上使用直观的;第二,因为直观认识不由先前的认识所决定,所以又用作推论知识的反义词。皮尔士是在后一种意义上使用这个术语的。皮尔士认为康德所用的也是这个意思。参见徐鹏《皮尔斯一般符号学初探》,载《云南大学学报》(社会科学版)2007年第1期,第23—25页。当然,皮尔士并不否认直觉的存在,但是我们必须做出如下区分:第一,直觉与"对直觉的直觉"(直觉地知道那是一个直觉)的区分;第二,直觉与由其他认识决定的认识的区分。换言之,具有直觉是一回事,而直觉地认识到它是直觉则是另一回事。在这一问题上,肯定的观点是,每一个认识,作为发生的事情,都是它自己的直觉;一个认识被别的认识或先验对象所决定,这一点并不是这一认识的直接内容。这种决定关系也许看起来像是先验自我的活动的一个因素,这个因素也许不直接被意识到。并且,这种先验活动也许必然地确定一个认识本身。因此,某一认识是否被另一认识所决定也许是那一认识的一部分。在这种情况下,我们可以说我们具有区分一个直觉与一个认识的直觉能力。但是,我们除了感觉到我们似乎具有这种能力之外,并没有任何证据证明我们具有这种能力。而这个证据的效力完全依赖于在这种感觉中我们被假定具有进行区分的能力。皮尔士以律师、魔术师以及常人关于梦的经验为例,证明人们没有区分直觉知识与推论知识的能力。当然,皮尔士最有力的否定直觉的论证在于引证最新的科学研究成果,否定了康德的所谓的先天时空直观形式。有关这方面的文献可参阅徐鹏《皮尔斯一般符号学初探》,载《云南大学学报》(社会科学版)2007年第1期。否定直观知识的一个结果就是使皮尔士认识到,每一认识都逻辑地由先前的认识所决定,即都是推理出来的。而推理就要运用各种符号,所以,所有思想都在符号之中。

二 自我的来源与特征

皮尔士用以反驳认知性直观的论证强化了他关于第二个问题的分析。如果我们接受上述观点——并不存在认知性直观,那么关于自我的直观知识也就是有问题的。这也正是皮尔士在第二个问题中所要反驳的一个核心概念,我们来简要地考察一下皮尔士的论证。

根据皮尔士的观点,自我是后天得来的,它并非我们生来就有的。在"QFM"中,皮尔士为我们提供了一种关于自我来源的理论。在与环境的相互作用里,儿童开始注意的是他的身体,只有它(身体)触摸的东西才"具有任何实际的和现实的感觉,只有当它看到的东西具有任何实际的颜色,只有其舌头上的东西才有任何实际的味道",所以这个身体具有中心的重要性(EP1.19)。由于改变其他事物的能力依赖于由这个对象所发展起来的控制其他事物的倾向,所以这个特别对象的重要性被进一步强化。例如,儿童开始可能相信火是可以用手去摸的。于是,他用手去摸火,结果挨了烫,于是他意识到了错误和无知。但是犯错的并不是火,火本来就是烫的。最后,这位儿童才意识到一个犯错误的自我。但是皮尔士论证说,儿童只有在掌握了较高的语言技巧和学会了大量的关于外部事物的名字之后,才学会"我"这个词。而学会语言的能力又引入了对自我存在的佐证。对于皮尔士而言,佐证开始起作用的那一刻就标志着自我的来源。"佐证观念的诞生是自我意识的诞生。因为佐证与某个未出现的事实相关。因此,事实和现象之间的区别被建立起来。例如,假设一个儿童听说烤箱是烫的,但他并不觉得如此,而是去触摸它,才发现事实果真如此。因此,他意识到无知,而且有必要假定无知所赖以存在的一个自我。"(CP5.237)任何期望都可能伴随着令人不安的结果而使人失望，于是一切关于外部事实的知识都表明了一个有思维、有感情的自我。"对于成熟的心灵而言，他自己的存在得到其他一切事实的佐证，因此比那些事实中的任何一个都要可靠的多。"（CP5.237）所以，自我知识既不是根本的，也不是绝对确实的。由于它们是根据我们关于外部世界的知识推演得来的，所以，一方面至多同我们关于外部世界的知识一样可靠，另一方面并不比我们关于外部世界的知识更可靠。

以上分析表明，自我与他人的证言具有内在的联系，而这种联系又表明了自我的共同体（community）性质。从皮尔士符号学的观点看，"我"这个词与诸如"这个""那个"和"现在"这样的指标符号一样，也是一个指标（index）。某人用"我"这个词来引起人们的注意力以转向某物，也就是他自己。换言之，指向他认为是他的那个自我（ego）。因此，根据皮尔士的早期观点，构成人类自我特征的东西完全是否定性的。除了无知和错误，它什么都不是。但是，只有在他（other）与其共同体中的同类的区别上，他才是一个否定。正如皮尔士所言：

> 个体的人，由于他的不同存在只有通过无知和错误才能显现，所以，就他与他的同类，以及与他的将来和他们的将来之间的差异而言，他只是一个否定。这就是人，
> 高傲的人
> 他对自己最确信的东西全然不知，
> 他的透明本质。（EP1.55）

当然，对这种理论的圆满说明需要借助于其"思想–符号"理论。但现在需要指出的是，皮尔士的论证至少蕴含了下列推论：

Ⅰ. 思想是连续的，并且生命由无限连续的思想序列构成；

Ⅱ. 思想本身就是符号；那么，

Ⅲ. 就作为符号的思想而言，其存在依赖于其后将要存在的东西；换句话说，依赖于共同体的未来思想。

而这恰恰就是皮尔士"思想-符号"理论所要阐明的核心观点。但在考察这一理论之前，我们有必要分析他的"四否定"（four denials）论题。① 这些论题加深了他对笛卡尔主义的反驳，从而强化了其"思想-符号"理论。

三 "四否定"论题

根据上文分析，我们可以得知：如果我们承认我们拥有关于对象的直观知识，那么我们必然承认所有的推理都必须以直觉为基础，并且这种直观预设了一个拥有某些特殊能力的"心灵"。就笛卡尔而言，通过对数学方法之本质的分析，他认为我们具有以一些基础命题为起点进行演绎的能力，这些基础命题相对于直觉而言不证自明。为了为其方法寻找一种形而上学的辩护，笛卡尔通过"普遍怀疑"的方法来重构知识。简言之，笛卡尔诉诸直觉，从"有思想"这一前提推出"思想者存在"，这个思想者被叫作"我"。这里隐含的前提是"思想"是一个属性，必定有某种实体拥有这个属性。如果没有这个前提，"我思故我在"的推理就是无效的。这种拥有特殊能力的实体被命名为"心灵"。笛卡尔论证说，人的心灵具有特殊的能力，这种特殊能力就是心灵对自己具有清楚明确的知识，而心灵的自我认识是知识的来源和保证，是人类知识的基础。

针对这一观念，皮尔士在"CFI"中提出了"四否定"论题

---

① 需要说明的是，皮尔士本人并未直接采用这种说法，这只是我们的一种方便称谓。

（CP5.265）：

Ⅰ．我们没有内省的能力。一切关于内部世界的知识都是我们根据我们关于外部世界的知识做假说推理而得来的；

Ⅱ．我们没有直观的能力，每一认识都由先前的认识逻辑地决定；

Ⅲ．我们没有不用符号进行思考的能力；

Ⅳ．我们没有关于绝对不可知物的观念。

第一个论题实际上就是对"QFM"中前四个问题的概括。这一论题表明，个人关于他自己的内在意识世界的知识，并不存在特殊的来源。笛卡尔把"我思"看作获取外部世界知识的最初的、最根本的出发点，"我思"的知识或心灵的自我认识比其他知识更直接可靠。皮尔士认为，虽然心灵具有自我意识，虽然这种知识很可靠，但是，这种知识既不是直接的，也不是基本的。在关于自我的来源与特征的分析中，皮尔士已经为上述观点进行了辩护。概括说来，这一论证是这样的[①]：皮尔士以儿童学习"我"这个单词为例，说明了这个问题。儿童只有在掌握了较高的语言技巧和学会了大量的关于外部事物的名字之后，才学会"我"这个词；儿童在意识到有意志（will）和情绪（emotion）之后，才意识到一个具有意志和情绪的自我。例如，儿童开始可能相信火是可以用手去摸的。于是，他用手去摸火，结果挨了烫，于是他意识到了错误和无知。但是犯错误的并不是火，火本来就是烫的。最后，这位儿童才意识到一个犯错误的自我。下一步就是意识到了任何期望都可能伴随着令人不安的结果而使人失望，于是一切关于外部事实的知识都表明了一个有思维、有感情的自我。"对于成熟的心灵而言，他自己的存在得到其他一切事

[①] 参见朱志方《皮尔士的科学哲学——反基础主义和可误论》，载《自然辩证法通讯》1998年第2期。

实的佐证,因此比那些事实中的任何一个都要可靠的多。"所以,自我知识既不是根本的,也不是绝对确实的。由于它们是根据我们关于外部世界的知识推演得来的,所以,一方面至多同我们关于外部世界的知识一样可靠,另一方面并不比我们关于外部世界的知识更可靠。

笛卡尔认为,心灵具有直观能力,即通过直接的直观就可以得到知识的第一原理、不需要任何前提的第一前提。这就是说,认识要从零开始。皮尔士则认为,每一认识都是由先前的认识逻辑地决定的,这就意味着:每一认识——知识的每一元素——都是从对先前认识的推论中得出的。皮尔士认为我们没有直觉的能力,因此,第一原理的假定是没有根据的。这也就表明在我们的知识体系中,没有任何不可动摇的、不受批判的信念。

心灵的"我思"或直观意味着最基本的思想是没有语言的思想。皮尔士指出,心灵没有这种不通过符号进行思考的能力。在皮尔士看来,符号就是一切有意义的东西或能表达意义的东西。皮尔士提出了如下几方面的论证。第一,并没有可以设想的反面证据来反驳这一论题。要想反驳这一论题,你必须找到一种不用符号的思维。这样,你就必须陈述那种思维,必须用语言把它表达出来。第二,符号之成为符号,必须是可解释的;符号也只能根据其他的符号得到解释。因此,如果我们想理解任何一种符号的意义,就不得不寻找其他一些符号。"所以,如果我们是完全根据符号进行思考的——事实上,的确如此——那么,我们就不能越出符号的范围之外。"(CP5.284)按照皮尔士的推理学说,"结论不应该依赖于一条单一的演绎链,而依赖于一系列平行的推理链,从而形成一条粗壮的推理缆。也许其中的每一根链单独看来都很弱,不能使结论更可靠,但它们结合在一起相互加强,能使结论很有力量"(CP5.265)。很明显,第三个论题同前两个论题紧密相关并加强了它们。它对第一个论题的强化影响表现在：这个论题表明，不存在纯私人的知识来源。任何语言——事实上，任何符号的使用——都预设了一个能使用和理解同一些符号的主体集团（共同体）。除非是主体间可解释的（intersubjectively interpretable），否则，符号不能成为符号。因此，如果任何思维都采取符号的形式，那么就不存在纯私人的内在知识，不存在不能由共同体证实和纠正的内省知识。第三个论题对第二个论题的强化影响表现在：如果一切知识都是采取推理的形式，那么，就要采取符号链的形式。同时，第三个论题也表明了知识的间接性：关于事物的知识都必须要以指示那些事物的符号为媒介。

根据皮尔士的第四个论题——我们没有关于绝对不可知物的观念，康德"自在之物"的观念就受到了沉重打击。从皮尔士关于认识的符号学的观点看，他不可能接受康德关于可知的经验对象和"物自体"之间的区分。康德所谓的"物自体"被假定为是可思想的，存在着的，但根本上是不可知的。在皮尔士看来，这一观念令人难以接受。正如我们将在下文看到的那样，每一个思想都是符号，都要解释先前的思想，以及被后继思想所解释，从而构成一个思想解释思想的无限连续的符号链。因此，思想的存在依赖于未来的东西，并且取决于共同体的未来思想。既然如此，我们关于"实在"的观念本质上就包含着研究者共同体的公共研究过程这一观念。"迟早地，信念和推理将最终导致实在，而且，它独立于我和你的奇想。因此，实在观念的起源表明：这一观念本质上包含了一种没有具体限制的共同体的观念，并且，这种共同体的观念能够导致知识的明确增长。"（CP5.311）我们的认识要求达到的是对有意义的假设的真理追求，而任何认识根据其真正的本质来说，无非是一种假说推理。倘若"物自体"是可思想的，而思想又是无限连续的可解释的符号序列，那么，作为一个假说（如果可以作为一个假说的话），它就应该是终究可知的。因此，在皮尔士看来，说它是可思想的而又是不可知的，这种说法是毫无意义的。"康德（我对他**不仅是**敬仰）只不过是糊涂的实用主义者……但是已有半打方法证明了'物自体'毫无意义；我们这里指出另一种方法。我已经阐明（CP3.417ff），在对一个命题做形式分析时，在词语所能传达的一切东西全都交给谓词之后，剩下的就是这样一个主词，它不可描述，而只能用手指向它或喻示它，除非规定一种方法来发现它指称什么。……但'物自体'既不能被指称也不能被发现出来，没有任何命题能够指称'物自体'，也绝不能对它的真假做出断定。因此，一切对物自体的指称都是无意义的、多余的东西，都必须被抛弃；但当我们这样做了，我们就会清楚看到，康德就像其他人一样看待空间、时间以及其范畴，从来就没有怀疑它们的可观性。把时空和范畴限制在可能经验中的做法乃是一般意义上的实用主义；而像康德那样彻底的实用主义者，将识别出这些概念中的心理成分。"（CP5.525）因此，皮尔士并未在不可知的与可知的对象之间设定差异，而是在"终究可知的实在和从根本上具有可错性的实际认识的可能结果"（CP5.257）之间做了区分。

在笔者看来，这是其普遍符号理论（严格说来，是关于认识的符号学理论）能够促使他得出的唯一合理的结论。

第二节 "思想－符号"理论

在对笛卡尔主义的反驳中，皮尔士实际上已经暗含了其符号理论的一些基本观点，这些基本观点集中体现在早期的"思想－符号"理论（思想即符号）中。因此，在这一部分，我们只是简要地概括出他的一些基本主张。但是，我们会在下文随着他对早期理论的一些修改而深入分析这一理论。

在"CFI"中，皮尔士集中论证了"心灵"所不具有的四种能力（即我们所说的"四否定"论题），这一论证的一个合理推论就是认为："心灵的运作方式符合有效推理的公式。"（CP5.282）在皮尔士看来，"每当我们思考时，我们就将一些感觉、印象、概念或其他表象呈现给我们的意识，这些感觉、印象、概念或其他表象是作为符号而起作用的"（CP5.283）。符号之为符号，有三种所指：首先，**对于**某个解释它的思想来说，它是一个符号；其次，它是**代表**某一对象的符号，这一对象是解释它的那一思想〔本身又构成一个符号〕所代表的同一个对象；第三，它**在**某一方面或性质**上**，将其同其对象联系起来。这也正是皮尔士关于符号的早期定义——"表象（representation）① 就是**对**某个解释它的**人来说，代表**某物的某种东西。更具体地说，就是对于'解释项'② 而言的。解释项是那个人对符号做出反应时所形成的，并

---

① 皮尔士关于符号的早期称谓，有时也叫作"表达型"（representamen）：它是符号的表达类型（expressive type）。这种称谓与其早期理论紧密相关：皮尔士把思想分析为符号产生和符号解释的过程，并且仅仅把符号局限在思想－符号的范围之内。因此，这一称谓有着明显的缺陷，他后期对这一理论做了根本的修改，并且极大地延伸了符号学的领域。在其成熟的符号学理论中（尤其是1906年以后），皮尔士已不再用这种称谓。至于其原因，我们会在下文分析。

② 这是皮尔士本人创造的一个词——interpretant。关于这个词，国内学者有诸多译法，如解释者（interpreter）、解释（interpretation）、符释，等等。这些译法根本未抓住皮尔士思想的核心。更奇怪的是，有人居然认为，皮尔士符号学因为引入了interpretant，所以将人的因素注入符号学之中，从而具有人道主义的色彩。笔者佩服这种奇特的想象力，但其荒诞性是显而易见的。当然，关于一个生僻词语的译法本身并没有那么重要，但是无论何种译法都必须要抓住其思想的核心。事实上，皮尔士之所以用interpretant而不用interpretation，原因就在于：根据皮尔士的观点，解释（interpretation）是解释项（interpretant）的集合，这些解释项在某种意义上（就其本身都构成符号这一意义而言）都是等同的。因此，解释项是解释的特殊载体。亦即，符号的解释就是产生解释项的过程，这些解释项本身又构成符号，又有了自身的解释项，从而构成一个无限连续的符号解释序列。皮尔士后期对解释项做了明确的分类，并且将一个符号的最终的逻辑解释项（ultimate logical interpretant）等同于习惯，从而将符号学与实用主义结合起来，在某种程度上也确保了解释的客观性和有效性。关于这一点的深入论证，笔者会在下文展开。

且是对同一个事物的另一表象。"（W466）由这个定义我们可以发现皮尔士关于符号的根本的、不变的概念：符号处于一个自成一体的三元关系之中，是其三个关系项（符号、对象和解释项）中的一个。这使得解释（interpretation）成为符号关系的关键所在。符号的意指过程（significance）并非符号和对象之间的直接关联，相反，它是由符号引出的解释项所决定的。并且，无论在何种情况下，一个符号的解释项都是关于同一个对象的另外一个符号。这一论题概括了皮尔士早期符号学思想的根本特征。

一 思想即符号

根据皮尔士的观点，每一个思想都解释一个先前的思想并且都要被一个后继的思想所解释。一个特定的思想 T 所解释的"思想–符号"决定了 T 的所指，或对象。同时，用以解释 T 的"思想–符号"也决定着 T 的意义，或者说它关于其对象所表达的内容。例如，我突然看到一个模糊的黑影，于是我想：（A）"某物在那条巷子中。"（B）"可能是一个路贼！"（C）"我最好绕道而行。"思想 B 并不是关于一般而言的路贼的：其对象存在于思想 A 中，B 是关于 A 的解释，也就是说，思想 B 的对象是在那条巷子中的某物。并且，就那一对象而言，思想 B 所表达的内容在 C 中得到解释，在思想 C 中，路贼被视为一种最好要避开的危险物。（很明显，其他的后继思想也可以从"路贼"中得出另外的意义。）

如果这种分析适用于每一个思想，那么所有的思想都既是符号又是解释项。因此，单个的思想无非就是"思想–符号"的无穷倒退（regressus）和无限递进（progressus）序列中的一个瞬间（moment）而已。思想**在时间上**的开端和终结，要根据思想是一个连续统一体（continuum）这一点得到说明：这样一个连续统一体将无限可分的思想片断压缩成为一个明确的思想之流。① 我们由此可以推出：并不存在不由先前认识所决定的认识，因此，认识并不是由其对象所直接决定的。如果认识并非由其对象直接决定，那么就不存在关于对象的直观知识。正如上文所言，确立上述准则并且从中推出一些结论是1868—1869年系列文章的主要任务所在。但是，除了其明确的反笛卡尔主义的意图之外，什么使得皮尔士得出这种奇怪的理论？为什么他要设定一个思想解释思想的连续统一体以反对笛卡尔？

关于这一问题，我们只能提供一个尝试性的回答。众所周知，皮尔士的哲学研究始于康德，并且围绕着"知识如何可能"这一问题而展开。但是其符号学思想却源于英国经验主义传统，尤其是洛克的思想。在洛克看来，科学可以分为三种，前两种分别为物理学和伦理学，而第三种，他说："可以叫做Semiotic，就是所谓符号之学。各种符号因为大部分都是文字，所以这种学问，也叫做逻辑学。"② 根据洛克的观点，我们可以凭借这门科学把观念作为心灵用以理解事物的符号来研究，并且把语词作为观念的符号来研究。很明显，这正是皮尔士关于思想的符号学分析的源头所在。

然而，应当强调的是，皮尔士的思想概念是康德式的而非洛克式的：在皮尔士看来，思想总是概念性的，因而在内容上是普遍的。并且，他以一种独特的当代视角深化了这种观念，把思想等同于内在化交谈（internalized discourse）。思想是一种符号学上

---

① 很明显，皮尔士在这一方面受到了莱布尼茨的影响，见 *The Cambridge Companion to Peirce*, edited by C. Misak, Cambridge University Press, 2004, p. 237（注2）。但这一点对皮尔士的符号理论来说，意义并不大。因为他最终放弃了关于"思想-符号"的无穷倒退和无限递进的学说。

② ［英］洛克：《人类理解论》，第721页。

的行为，这种行为一般来说但并非全都是口头上的，在某种程度上可以等同于言语和文字；我们思考的能力依赖于我们已经掌握了一门语言。认为思想是一种符号因而也就预设了词和句子都是符号。

但是什么使得某物成为一个符号？根据亚里士多德的观点，词语按照约定或习俗而指谓（signify）思想，由于思想是对事物的"摹写"，所以词语通过思想而表示事物。但是，如果思想本身是用语词来表示的，那么它们就不是事物的"摹本"（likeness）。如果思想就是语词，那么亚里士多德的解释经过这样的修改之后，就有可能意味着观念通过表示关于事物的观念而表示事物。有意思的是，皮尔士的早期符号理论与这种经过修改的亚里士多德的观点颇为相似。思想就是符号，符号通过思想而有所指；因此，"思想-符号"通过其他的"思想-符号"而有所指。

皮尔士用连续统一体的观念将康德和洛克同亚里士多德结合起来。在他看来，用思想解释思想的过程是无限进行的，而且处于持续不断的流动之中。这么一来，他就将其侧重点从个别的"思想-符号"转移到思想的运行这一过程本身。在 CP5.289 中，皮尔士为我们提供了如下这样一种论证。

任何一个思想就其自身而言，都不包含任何其他的思想，而是绝对单纯和不可分解的；在它直接呈现的范围内，它是一种单纯的、不具部分的感觉，因此，就其自身而言，它与任何其他的思想没有任何相似之处，不能与任何其他的感觉相比较，它是绝对自成一类的（sui generis）。凡是与其他东西完全不可比较的东西，都是全然不可解释的，因为解释就在于把事物纳入普遍规律或自然种类之下。任何当下的现实思想（它是一种单纯的感觉）都不具有任何意义或理智价值（intellectual value）；因为〔思想的〕意义或理智价值并不存在于被实际思考的事物之中，而在于这一思想在表象中与后继思想的关联之中；这么一来，思想的意义就完全是某种有效的（virtual）东西，亦即，它**具有可产生某种效果的内在力**。正如皮尔士所言："在我心理状态的任何单一时刻，都不具有认识或表象，但在不同的时刻，在我各种心理状态之间的关系中，却具有认识或表象。"（CP5.289）

简言之，由于我们不可能在任何一个特定的"思想－符号"中发现意义，所以我们必须要在一个思想解释另一个思想的过程中去发现意义。

二 倒三角形类比

通过以上分析，我们可以得知：如果思想处于连续流动之中，那么它们就具有时间上的相关性。在某一特定时刻，没有一种思想能够发生并且具有意义。当然，第一认知（first cognition），或不由先前认识所决定的认识，必须孤立地发生。但是正如皮尔士所言，根据第一认知，我们不可能知道它是否真正的认识；我们不可能运用第一认知或直观，确定其自身是否一种直观并且是否具有认识意义。唯有通过推理我们才能知道这一点。倘若存在第一认知，那么我们只能通过将其同其他的认识关联起来的方式，知道其所是；其认识价值必将依赖于推理，并且依赖于将其同其他的认识关联起来的过程，这种关联是时间上的。但是，不同时刻的认识之间如何能够在时间上相互关联？针对这一问题，皮尔士在"QFM"中提供了一种类比说明，以证明"并不存在不由先前认识所决定的第一认识"这一论题，这也正是皮尔士运用这一类比的最直接的目的。但是，通过对这一论题的证明，皮尔士间接强化了其"思想－符号"理论。所以，笔者更愿意认为这一类比是对其早期理论的加强。方便起见，我们称之为

"倒三角形类比"（Inverted Triangle Analogy）。

设想，一个倒三角形逐渐沉入水中。在任一特定时刻（我们姑且称之为 T_n），水的表面都会穿越这个三角形，从而产生出一条水平直线 L_n。我们用 L_n 表示 T_n 时刻的认识 R_n。那么，在紧随其后的某一时刻 T_m，水的表面会按同样的方式产生出直线 L_m，并且 L_m 在这个三角形中的位置高于 L_n。同样，我们用 L_m 表示 T_m 时刻的认识 R_m。根据皮尔士的观点，R_m 和 R_n 是关于同一对象的，并且前者由后者所决定。随着三角形的下沉，较长的截面线总是出现在这个三角形中的较宽的部分，它们所代表的意识状态（起着认识的作用）也就更生动；越靠近三角形的顶点截面线越短，它们所代表的意识状态也就越模糊，在时间上也更为遥远。

但是，任何一条出现的直线（L_m）如何与先前的一条线（L_n）联系起来？它们之间的间隔何在？皮尔士认为，这些线之间的间隔是无穷小的，也就是说，我们可以对这些间隔进行无穷再分。在任何两条线之间，都存其他的直线。设 L_m 与 L_n 之间的距离等于 a，那么，在 1/2a、1/4a、1/16a……之间都会存在相似的截面线。

根据这种分析，如果我们说存在着不由关于同一对象的先前认识所决定的认识，那么，这无非是说当这个三角形沉入水中时，必然存在一条截面线，它在这个三角形中的位置低于所有以同样的方式产生出来的水平直线。正如上文所表明的那样，这显然是不可能的。

皮尔士在此想表明的是，思想并不存在绝对的开端。倘若如此，那么在某一思想和一个过去的思想之间就不会存在间隔，从而形成一个无限连续的思想之流。这恰恰就是其"思想–符号"理论所蕴含的一个必然推论。从这种意义上而言，我们说"倒三角形类比"① 是对其早期思想－符号理论的加强。

第三节 "思想－符号"理论的问题

尽管许多评论家都认为皮尔士从未放弃早期的"思想－符号"理论,但这一理论至少面临三个问题。每一个问题都足以成

---

① 笔者想提醒大家的是,尽管这一论证(更准确地说,是一个类比)从某种程度上强化了皮尔士的早期理论,但是我们必须为入水之前的这个三角形及其顶点提供一种说明。在笔者看来,如果皮尔士不能很好地解决这一问题,那么其"论证"也就会失去应有的效力。如果仅就入水之后的三角形〔现象界〕进行一种说明,无论其描绘多么生动,我想他都不可能超越康德的分析。不客气点说,至多是对康德的"窃用"。为了避免这种"窘境",我们来看看皮尔士是如何说明入水之前的三角形及其顶点的。在他看来(CP5.263),这个三角形的顶点所代表的对象是外在于心灵的;入水之前的这个三角形的状态代表的是一种不包含任何内容的认识状态,这种认识状态决定着随后的认识。照此看来,这个三角形作为一个整体,似乎与任何一个特定的认识过程都是隔绝的,并且是独立的。因此,对于知识而言,它必然是一种可能性,亦即,它是一种尚未产生影响或尚未被影响的心理条件(mental condition)。如果我们明白皮尔士的研究理论,我们就能够透彻地理解这一点。皮尔士所说的研究(inquiry)是怀疑与信念两种心理状态之间的互动过程(当然是就早期理论而言的),研究的目标就是要消除怀疑、确立信念。但是,我们不可能从"普遍怀疑"开始来进行研究。相反,我们只能从一些不受怀疑的信念(皮尔士称为"成见")出发来开始我们的研究。笔者想,皮尔士这里所说的"心理条件"指的就是这些不受怀疑的信念,它们指导着我们的研究,从而形成固定的行为习惯。另外,这样一种尚未产生影响的心理条件也是其第一范畴的一个方面,上文已经表明,这一范畴是关于可能性的范畴。即便如此,如果入水前的这个三角形的顶点,如皮尔士所言,是一个外在于心灵的对象,那么,它似乎应该是不可知的。而这又与皮尔士的一贯主张——我们没有关于绝对不可知物的观念——相冲突。关于这一反驳,皮尔士的回应似乎是这样的:代表外在对象的这个三角形的顶点是这个三角形必需的构成部分;因此,就心灵促成一般而言的思想或认识而言,这个对象是心灵或一般而言的思想的必要构成,并且被这个三角形表征为一个整体。这种说明实际上已经预设了外在对象(三角形的顶点)是可知的。他对入水前的这个三角形之顶点的说明依然是不明确的。关于这一难题,我们可以给出一个合理的推测。事实上,根据皮尔士成熟的符号学理论(我们会在下文分析),这个顶点可以被视为他所说的 suppositum(设定之物),或者符号解释的初始对象。这么一来,这个顶点就将是一个极点(limit),但是,我们不可能直接接近它。相反,只有当整个三角形都被淹没、并且思想之整体(包括 suppositum 或一般而言的思想的对象)都被认识占据时,思想才能返回到这个极点。这个极点恰恰构成了皮尔士所说的研究的终极目标;整个三角形被淹没并且思想之整体被认识完全占据的过程构成了皮尔士的综合研究逻辑(假说、演绎和归纳):如果从一开始某一问题作为一个假说就被研究,而且这个研究被无限地进行下去,那么这个研究就会导致一个研究者共同体都同意的最后意见。

为其最终放弃它的充分理由。

首先，皮尔士试图说明思想如何具有意义的尝试是失败的。他假定思想的"意义"（significance）①依赖于解释，但接着又将解释理解为存在于符号过程之中。因此，这一问题——如何解释"思想－符号"的意义——并未被解决，而只是把意义从一个符号依次传递给下一个符号。尽管皮尔士认为解释的过程可以无限地进行下去，但这个观点只是将答案无限期地悬置起来。皮尔士认为，在无限的符号解释过程中，一个思想－符号可以转变为另一个思想－符号，并且断定这种转变会产生意义。但是，他并未为这种转变如何能产生意义提供说明。仅仅断定是不够的。他并未提供任何论证以支持其断言：意义必须要在思想的运行（movement）中而不是在个体思想中去寻找。

其次，皮尔士假定，每一个思想都必须得到实际解释，其解释项必须是实存的而不仅仅是潜在的。既然解释项决定一个符号的意义，那么由此我们可以推出：意义无非就是符号实际上得到解释的方式。因此，错误的解释是不可能的：意义完全是主观的。

最后，皮尔士关于思想－符号的无穷倒退观念与其无限递进观念一样，都是无法令人满意的。每一个认识都由确立其对象的一个先行认识所决定。但是那个对象并非先行于认识本身；相反，它只是先行于认识的对象。这样一来，我们绝不可能在无限的认识序列中找到对象，它"置身"于这个序列之外。当我们把所有的思想－符号都追溯到先行的思想－符号时，随着这个过程

---

① 在早期理论中，皮尔士常用这个词（有时用 signification）来表示思想或符号的意义。当然，这里所说的"意义"不同于我们一般所理解的 meaning（符号和对象之间的直接关联）。根据皮尔士的观点，符号处于三元关系之中，或者说处于符号过程之中。因此，译为"意指过程"可能比较准确，但为了行文的方便，在谈论思想或符号的 significance 时，我们还是译为"意义"。

的无限展开，我们只能接近它（对象）而绝不会达到它。打个不太恰当的比喻，我们只能在无限的过程中将其逐渐"引诱"出来。与之相应，个体事物是否具有实在性也就成了悬而未决的问题。

为了更明确地陈述我们的问题，我们可以用下述公式来说明。

设"$F(s, i) = o$"表示符号 s 对解释项 i 来说代表其对象 o，那么根据其早期观点，我们可以推出：如果 $F(s, i) = o$，则总是存在着一个 i'，$i' \neq i$ 且 $F(i, i') = o$；存在一个 i"，$i" \neq i'$ 且 $F(i', i") = o$；……换言之，对于解释项序列中的任一元素 i^n 来说，总是存在一个 i^{n+1}，$i^{n+1} \neq i^n$ 并且 $F(i^n, i^{n+1}) = o$。

上述推论必须依赖于这样一个前提：在所有的情况下，一个符号的解释项都是关于同一个对象的另外一个符号，否则，推论无效。这一点概括了皮尔士早期符号学理论的根本特征，但也为其带来无法回避的问题。

首先，如果一个符号的解释项是关于同一个对象的另一个符号，那么符号的解释项在这种意义上就是等价的，亦即，它们都是符号。为了更直观地指出这一问题，我们姑且用集合 T_i 表示无限的解释项序列，用 T_m 表示符号（或思想）的意义（再次声明，这只是我们的一种方便称谓！并非意味着意义就是**某种东西**），用 T_s 表示某一符号和随后的解释项所构成的集合。当然，这种称谓是就一个自成一体的符号三元关系而言的。很明显，T_m 属于 T_i（亦即，我们只能在解释项不断产生的过程中发现思想-符号的意义），由于解释项本身又构成符号，即 T_i 属于 T_s，所以 T_m 属于 T_s。这样的话，皮尔士不仅将符号的意指"推向"一个无限的解释过程之中，而且还要诉诸"思想-符号"来解释"思想-符号"的意义。这显然犯了循环论证的错误。

其次，从我们的公式"$F(i^n, i^{n+1}) = o$"中不难发现，在所有情况下（不断产生不同解释项的情况下），o 都是不变的。这再次证明了皮尔士早期符号理论的根本特征。但问题也是显而易见的：对象到底在哪里？既然每一认识都由确立其对象的一个先行认识所决定，那么对象就被"拉回"到一个无穷倒退的过程之中。它似乎在这个过程之中，却好像又"游离"于其外。

关于皮尔士早期符号理论的问题，概括说来就是这些。笔者想再次指出的是，上述问题之所以出现，乃是由于皮尔士早期理论的一个根本假定——在所有情况下，一个符号的解释项都是关于同一个对象的另外一个符号。所以，在皮尔士所说的符号过程或符号关系中，解释项和对象总是"难解难分"。皮尔士后期对解释项进行了深入研究，并且区分出三种不同的类型（情感的、动能的和逻辑的）。在此基础上他明确指出，一个符号的解释项，就其自身而言并非必然是一个符号，它可以是一种情感，也可以是一种行为。更重要的是，皮尔士指出，一个符号的最终的逻辑解释项就是习惯，从而也就放弃了其早期的根本假定。另外，皮尔士在1885年发现了一种符号类型——指标（index），这一发现使他得以解决有关对象的问题。

现在，就让我们带着这些问题走进关于其符号理论的更深入的分析。

第三章　普遍符号理论

理解皮尔士的符号学理论，必须把握住他关于符号的核心界定：概而言之，符号就是对于解释项而言代表其对象的东西。这样一来，符号就不是一个孤立的单一成分，相反，它处于"符号 – 对象 – 解释项"（sign-object-interpretant，下文简称"SOI 关系"）关系之中；而符号、对象和解释项又构成一个完整的意义整体。围绕着这一核心界定，皮尔士符号学的发展大致经历了三个阶段。

一　1860—1869 年：第一阶段

这一阶段可以称为其早期阶段：在这一时期，皮尔士对传统哲学，尤其是对笛卡尔式的基础主义认识论，进行了猛烈的抨击。其结果导向了关于思想（或心灵）的一种符号学分析，我们又称之为"思想 – 符号"理论。这一理论的核心就是：每一个思想都解释一个先前的思想，并且都要被一个后继的思想所解释，从而构成一个无限连续的思想序列。我们可以简单地用公式"$F(i^n, i^{n+1}) = o$"来说明，即对于解释项序列中的任一元素 i^n 来说，总是存在一个 i^{n+1}，$i^{n+1} \neq i^n$ 并且 $F(i^n, i^{n+1}) = o$。这一论证依赖于下列前提：每一个思想都是符号，而解释项本身又是思想 – 符号。其早期理论至少面临如下两个问题：

1. 如果每一个思想都是对解释项而言的符号,而解释项本身又是思想-符号,那么他最终必将诉诸思想来解释思想。因此,问题并没有得到解决,只是被悬置起来。与之相应的也就是意义的主观性问题。

2. 符号所代表的对象的不明确性。

对这两个问题的解决又将我们带入其思想发展的另两个关键的阶段。

二 1885—1903 年:第二阶段

在这一时期,皮尔士几乎与弗雷格同时对量词进行了独立研究,集中体现在关于指标符号的研究上。作为一种符号,指标的本质特征就在于与其对象处于一种真实的联系之中,这种联系往往存在于个体事物之间。这样一来,认识就可以通过它所包含的指标与对象关联起来,而不必诉诸一个先前的认识。同时,指标符号的发现也拓展了符号学的研究范围,促使我们认识到一种先于符号意指过程(或关系)的居先关系。这种居先关系为某种存在物(并不局限于人类)将某物解释为符号这一行为提供了某种根基,同时也为我们关于符号过程的目的论分析奠定了基础。

三 1907 年变革

在这一时期,至少有两点应引起我们格外注意:首先,皮尔士首次将实用主义同其符号学结合起来。二者联结的关节点就在于皮尔士关于最终的逻辑解释项的分析。分析表明,实用主义实质上是关于最终逻辑解释项的理论,因而也就是更为普遍的符号理论的一部分。其次,关于符号过程的目的论分析。这种分析实际上为皮尔士的符号学理论提供了某种进化论上的根基,从而也就从根本上解决了早期理论所遗留的问题。

第一个阶段即前一章已讨论过的"思想－符号"理论。本章的中心任务是围绕后两个阶段的改进，展示其成熟的普遍符号理论之全貌。

第一节　SOI 关系

皮尔士曾先后多次对符号及其起作用的条件进行界定和描述：一般来说，它们指的都是符号、对象和解释项之间的三合一关系。因此，尽管皮尔士后来对早期的符号理论进行了很大程度的修改，但他从未放弃关于符号的根本观念：符号处于"符号－对象－解释项"三元关系之中，具有三合一的本质。为了更清楚地理解皮尔士成熟的符号理论，让我们首先从一些基本的界定开始来进行分析。

一　符号及其条件

在 1902 年的一篇手稿中，皮尔士这样说：

定义（一）①：一个符号或表达型（representamen）就是一个**第一**，它与一个**第二**（称之为其对象）处于一个真实的三元关系之中，以至于能够决定一个**第三**（称之为其解释项），解释项与同一个对象处于同样的三元关系之中。（CP2.274）

同时，在一篇较长的手稿中，皮尔士深入讨论了"符号过

---

① 为了便于分析，凡是引用皮尔士关于符号或符号过程的界定，我们都采用这种简便表示法。

程"(semeiosis)① 或符号关系：

定义（二）：如果每一个思想都是一个符号，那么一个符号的本质特征就在于：它在其对象和其意义之间起中介作用，其对象理应决定着这个符号，并且在某种意义上应该被认为是其原因……作为每一个符号的两个相关项……对象是前件，解释项是后件。（CP3.328-332）

关于这一点，豪斯曼为我们提供了一种说明。② 他以关于亚伯拉罕·林肯的思想为例来进行分析。在他看来，我们关于"亚伯拉罕·林肯是一个总统"的思想处于一个三元关系中，因为它是这个三元关系的三种构成成分之一，而这三种成分是这一关系具有意义的必要条件。它们分别是：（1）其对象；（2）这个思想本身；（3）符号 2 所决定的另外一个思想-解释项（thought-interpretant）。这个符号所决定的解释项是这样一种思想——"他是人。"这一思想与我们关于他是一个总统的解释项-思想一样，都代表了亚伯拉罕·林肯。"他是人"这一解释项可以进一步产生出另一解释项（如，关于"他是男人"的思想），而这个解释项又进一步产生另一解释项（如，"他是废除奴隶制的拥护者"这一思想）。因此，第一个解释项和进一步的解释项与起决定作用的解释项的对象都处于三元关系之中。

---

① 希腊语词缀-sis 意味着行动、行为或过程。根据费希（Fisch，1986）的说法，皮尔士是从如下两个方面理解 Semeiosis 一词的：（1）从符号的角度看，皮尔士把它理解为符号行为（sign-action）；（2）从解释项的角度看，皮尔士把它理解为符号解释（sign-interpreting）。当然，符号行为和符号解释并非两种不同的符号过程，而是从两种不同的观点理解相同的符号过程。详细说法可参见 *Peirce, Semeiotic, and Pragmatism: Essays by Max H. Fisch*, ed. Ketner, L. & Klosesel, C., Indiana University Press, 1986, p. 329。

② C. R. Hausman, *Charles S. Peirce's Evolutionary Philosophy*, Harvard University Press, 1993, p. 68.

豪斯曼的这种说明依然局限于皮尔士早期的思想-符号理论，关于这一理论，我们在上文已经做了较为充分的分析。除了这种说明之外，我们应当抓住皮尔士上述描述的关键所在，这些关键点在某种程度上反映了他对早期理论的一些修正。当然，我们现在只是简要地指出这些关键点，详细分析将在下一部分展开。

第一，皮尔士认为，一个符号由其对象所决定。这么看来，在解释符号的过程中，必然存在某种独立性因素。既然如此，那么关于符号的解释似乎就成了"画蛇添足"。显然，我们这么说并非意味着解释毫无作用。相反，我们的意思是指在解释符号的过程中，存在着外部抵抗，亦即，某种限制解释的独立条件。从这种意义上而言，我们说符号是由其自身之外的某种东西决定的。与之相应，皮尔士同时还认为，一个符号就其自身而言，无法"传达"关于其对象的某种认识。"当我说一个符号的对象时……意思是指，它〔这个符号〕预设了关于其对象的某种认识，以便传达关于这一对象的某种进一步的信息。"（CP2.231）借用豪斯曼的例子，我们可以这样理解皮尔士的观点：某人必定会对亚伯拉罕·林肯，以及那些认为亚伯拉罕·林肯是一个总统的当今的符号使用者有所了解，而这些符号使用者也必定是通过其他的符号和解释对亚伯拉罕·林肯这个历史上的人物，以及关于总统的观念而有所认识。在豪斯曼看来，这种亲知（acquaintance）是制约符号解释的"伴随性观察"（collateral observation）。[①] 也就是说，这种观察并非具体的符号序列——它以某一初始对象（指称某一个体的专名）为起点而逐步展开——所固有的。就亚伯拉罕·林肯这个例子而言，伴随性观察当然不包括对这个专名所指称的个体的直接认识。但是，我们的伴随性观察的

---

① C. R. Hausman, *Charles S. Peirce's Evolutionary Philosophy*, Harvard University Press, 1993, p. 68.

确包括如下几个方面：

Ⅰ. 一个完整的历史上以及政治上的符号系统的限制条件；

Ⅱ. 对用专名表示的个体的认识和了解；并且

Ⅲ. 预设了我们关于"亚伯拉罕·林肯"这个专名的一定认识，它适用于19世纪的一个个体。

符号解释过程中的这种独立性因素与皮尔士关于直接对象和动态对象（dynamical）的区分是分不开的，我们将在下文讨论这一问题。

第二，尽管对象或关于对象的某种东西限制着符号，但符号本身在决定解释项的过程中，不仅限制而且创造了意义。因此，尽管存在一些独立于具体解释过程的外部因素，但这些解释过程依然有其自身独特的发展条件，这些条件促成了一个进化的符号系统。正如皮尔士所言："常规符号（symbol）① 是生长（grow）的。它们由其他的符号发展而来，尤其是从图像符号或者具有图像和常规符号之本质的复合符号中发展而来。"（CP2.302）

第三，皮尔士在上述描述中已经暗示了解释项和解释之间的区分。关于这一区分，我们已在上文进行了简要说明。由于这一区分对皮尔士后期符号理论的发展，尤其是对我们上文所提到的早期理论所面临的第一个问题的解决，具有至关重要的意义，所以我们有必要进一步说明这一区分。

加利（W. B. Gallie）曾指出②，根据皮尔士的观点，我们不能通过对某人心灵内容的审查来确定某物是否得到解释，而只能通过对某种特定行为的观察来确定它是否得到解释，这种特定行

---

① 皮尔士对符号做了三种基本的划分：图像（icon）、指标（index）和常规符号（symbol）。在谈到symbol时，皮尔士曾指出："所有的词、句子、书籍以及其他的约定符号都是symbol。"（CP2.292）正是基于这一点，我们把它译为"常规符号"。关于这种符号的本质以及皮尔士关于符号的基本分类，我们会在下文讨论。

② W. B. Gallie, *Peirce and Pragmatism*, Dover Publications, 1966, pp. 118 – 120.

为是由解释项与所讨论的这个事物的联系所导出的。加利恰如其分地指出了皮尔士解释项概念的外延：一个符号的解释项本身并非必然是一个符号，它可以是某种行为倾向或习惯，这种习惯制约着符号解释过程。换句话说，解释项并不一定非得是实存的，它同样可以作为某种潜在的东西制约我们的符号解释过程。正如皮尔士在定义（一）中所说的那样，符号"能够"（be capable of）决定解释项，但解释项并非一定要实际地产生出来。这样一来，皮尔士就在一定程度上放弃了其早期观点——解释项本身也构成符号并且是一个实际发生的无限序列，从而在一定程度上解决了我们曾在上文所提出的一个问题，即意义的主观性问题。因而也就可以避免主观主义和相对主义的指责。关于这一点，我们将在"对象和解释项"部分做进一步分析。

值得注意的是，在同威尔拜夫人（Victoria Lady Welby）的一封通信中[①]，皮尔士对自己曾经将解释限定在人类理解力（human intelligence）的具体行为以及"有限性的心灵"（finite minds）〔皮尔士也称之为"意识的变更"（modifications of consciousness）〕之中的想法，表达了深深的懊悔之情。所以他紧接着补充了一个必要的说明：他之所以认为解释是纯粹心理性的，是就"某一个心灵而言"的。后来，皮尔士明确地将 sign（符号）和 representamen（表达型）这两个术语区分开来，这种区分更有力地证实了这一点——皮尔士放弃了关于意义概念的主观主义解释。

定义（三）：符号是带有心理解释项（mental interpretant）的表达型。很可能有一些表达型并不是符号。假设一颗向日葵朝向太阳时，仅凭这一行为（在不需要额外条件的情

[①] *Semiotic and Significs*, *The Correspondence between Charles S. Peirce and Victoria Lady Welby*, edited by C. Hardwich, Indiana University Press, 1977, p. 81.

况下）变得完全能够再生出另外一棵向日葵，它以同样的方式朝向太阳，并且以同样的再生能力再生出下一棵向日葵，那么，向日葵就会成为太阳的一个表达型。（CP2.274）

初看起来，皮尔士似乎是在证明其"思想－符号"理论，即符号必须有心理解释项。当然，我们并不否认这一点。但是，皮尔士在此想要表明的深层观点却是这样的：从最宽泛的意义上而言，符号学可以涵盖那些并未完全履行符号功能的事物〔我们将在下文表明，这一点恰恰表明了解释过程的目的论特征〕。严格说来，这些事物就其本身而言，并不是真正的符号，因为它们并不是对某一解释项来说代表某物的事物。尽管就心理上的意义而言，它们不是真正的符号，但是它们作为符号的"资格"可以得到潜在的解释。我们借用皮尔士的一个例子（"钻石是硬的"）来说明这一点。

在 CP5.403 中，皮尔士曾用这个例子以阐明其"实用主义准则"。现在，让我们从符号学的视角来重新思考这个例子。

根据刚才的分析，当我们说"某一未经检验的钻石是硬的"的时候，从符号学的观点看，就等于说"这颗钻石可以作为一个符号而起作用，这个符号代表了硬性（hardness）"。简单论证如下：尽管一颗未经检验的钻石是一个未经实际解释的事物，但是，我们决不能认为它是**不能够**被解释的。也就是说，它具有可解释性。如果我们用其他物体来压它，那么，我们将发现其表面**总是**不会变形。也就是说，在这种条件下，它具有不会变形的普遍倾向。而这种普遍倾向（习惯）构成了关于它的一种潜在解释。很明显，这种普遍倾向并非皮尔士早期所说的心理解释项，并且意义也并非存在于实际发生的解释项序列中。相反，它存在于我们的普遍决断之中：如果采取特定的行动，总是会伴随特定的结果。从这种意义上而言，它同样制约着我们的解释过程，同时也为我们**选择性保留**下来的行为方式提供了根基。当然，我们的论证依赖于这样一个前提：一种普遍倾向或行为习惯也可以作为一个符号（或起符号作用的某一事物）的解释项，并且它制约着我们所能选择的可能解释。如果能够证明这一点，那么我们对皮尔士的质疑和谴责都会不攻自破。在笔者看来，皮尔士不仅提供了这种证明（我们将在下文看到，皮尔士的确认为一种普遍倾向或习惯就是一个符号最终的逻辑解释项，而且它本身可以不是一个符号），而且还很好地将符号学同实用主义结合起来。如果我们从符号学的角度，对"某颗钻石是硬的"的意义的分析是正确的，那么我们就可以合理地认为，实用主义就是关于最终的逻辑解释项的学说。

第四，在定义（二）中，皮尔士描述一个符号过程的三个条件的顺序是这样的：他把符号称为第一，对象称为第二，解释项称为第三。这么一来，就界定"符号是什么"这一方面而言，被称为第一、第二、第三的东西就将依赖于我们在这个符号系统中所处的位置。就其在符号和对象之间起中介作用这一方面而言，解释项是一个第三，并且成为一个符号，这个符号与初始符号一样，与其对象处于"同一个三元关系"之中。在先前所举的例子中，关于总统（指称亚伯拉罕·林肯）的思想作为一个符号可以被认为是一个第一。但是，如果我们将注意力转移到"他是人"这一"解释项-思想"并且将其视为一个符号，那么它又是一个第二。因此，作为第三的东西被认为是一个第一。

有了上述准备，我们现在来分析符号过程的条件。需要指出的是，通常关于皮尔士符号理论的研究，仅限于识别出构成符号关系的三个前提——符号、对象和解释项。这种研究从表面上看无可厚非，也确实成为很多学者据此来同索绪尔符号学进行比较的基础。但是，这种研究恰恰忽视了皮尔士所说的符号关系或符号过程的复杂局面。让我们从他关于符号的一个核心界定开始来进行分析。

定义（四）：符号或表达型，是对某人而言**在某一方面或能力上**，代表某物的某种东西。它是对某人而言的，也就是说，它在那个人的心灵中引起一个等效的符号，或许是一个更发达的符号。它所引起的那个符号我称之为第一个符号的解释项。符号代表了某物，即其对象。它并非在所有方面都代表那一对象，而是要借助于一种观念，我一度称之为这一表达型的基质。这里所说的"观念"（idea）可以从柏拉图式的意义上来理解……正是在这种意义上，我们才说一个人领会另一个人的观念；也正是在这种意义上，我们说当一个人回想起他在先前某一时刻所思考的东西时，他唤起了同一种观念；并且也正是在这种意义上，当一个人持续思考某物时……只要思想在那一时段内自身保持一致（即，具有相似的内容），那么他所思考的就是同一个观念，而非一种在每一时刻都发生变化的新观念。（CP2.228）

笔者之所以不惜笔墨地引用这段较长的表述，无非是想指出一点：我们在关于皮尔士符号学的研究中，忽视了一个非常重要的方面，亦即，符号过程到底是由哪些成分构成的。按照我们通常的理解，这似乎并不构成一个问题：我们也许马上会想到，它是由符号、对象和解释项所构成的。但是，在定义（四）中（笔者已用黑体标记），我们看到，符号是通过某一方面（respect）或基质（ground）而代表其对象的。正如皮尔士所言："一个符号或表达型关乎三样东西：基质、对象和解释项。"（CP2.229）这样一来，我们不得不重新思考符号过程的构成或前提。如果我们将其所说的基质或方面引入符号过程或符号关系之中，那么这一过程似乎就应该由四种成分所构成。难道皮尔士所说的符号关系或符号过程在本质上是四元组（tetradic）的？倘若如此，它将从根本上摧毁皮尔士关于其范畴理论的论证（我们已在上文表明，其三个普遍范畴不仅是客观有效的，而且是**完备的**），也将摧毁其符号理论赖以存在的根基。那么，我们现在的迫切任务就是提供一种论证为皮尔士的三元组符号关系进行辩护，从而避免上述危险局面的出现。

在进行论证之前，笔者想首先指出关于皮尔士符号理论的一种常见的误解：符号是符号过程的三种构成成分或前提条件中的一个单一成分。如果接受这种观点，那么符号过程的确应该由四种成分构成，即基质、符号、对象和解释项。但是，这种观点从根本上说是与皮尔士符号理论的核心思想相悖的。现在，就让我们来看看到底应如何理解符号过程。

首先，与上述观点恰恰相反，我们必须将符号视为与符号行为或符号过程是同一的。也就是说，符号是符号过程的一个单位或实例。就这一过程的本性而言，符号是一个结构整体的中心因素，这样一个结构性整体由三种成分构成，而这三种成分又作为任一符号过程的前提条件而起作用。

其次，要理解基质或方面在三元符号关系中所处的地位，我们必须认识到它们是对对象的限定。

二　对象和解释项

哈贝马斯在理解定义（四）时曾指出[①]，这里综合有两种关

[①] J. Habermas, "Peirce and Communication", *in Peirce and Contemporary Thought: Philosophical Inquiries*, edited by Kenneth Laine Ketner, Fordham University Press, 1994, p. 245.

系:"代表"(stand for)关系和"相对"(stand to)关系,前者表明了符号的表现功能,后者说明了符号的可解释性。事实上,这两种关系是分别相对于对象和解释项而言的。皮尔士特别强调,意义并非直接从属于符号,相反,它包含着一个完整的符号过程(意义的发生过程),每一个符号过程都涉及符号、对象和联系二者的解释项所构成的三元组关系。其中,对象是任何欲被表现的东西,是符号的最终目标,决定着符号;解释项由符号所决定,它并非事先给定的,而必须由解释者创造出来。符号正是借助于解释项的中介作用而与对象结合起来。因此,对象又间接地决定着解释项:正如我们在上文中所指出的那样,符号是由其自身之外的某种东西决定的;因而在符号解释过程中,存在某种限制解释的独立条件。一个符号就其自身而言并不能"传达"关于其对象的某种认识,相反,它只是预设了关于这一对象的进一步的信息。要理解这一点,我们必须借助于一些"伴随性观察"。但是,这些"伴随性观察"是外在于解释项的。正如皮尔士所言,伴随性观察是"对符号所指对象的居先认识",它并不是解释项的一部分(EP2. 493 – 494)。因此

> **定义(五)**:任何由其自身之外的某种东西(称之为其对象)所决定的东西,都可以被定义为符号。符号由其对象所决定,并**因此**决定了对某人的某种影响,我称这种影响为解释项,后者〔解释项〕因而也就由前者〔对象〕间接地决定。(SS 80 – 81)

当然,皮尔士本人也承认他并未充分地说明一个符号的对象是什么。但在他看来,有关对象的充分说明必然包含着对解释项的理解(EP2. 493)。因此,我们试图通过对解释项概念的考察来

分析皮尔士所说的对象概念，以及对象和解释项之间的关联。

（一）Suppositum

"……思想－符号代表的是什么？——它给什么事物命名？——什么是它的 suppositum？毫无疑问，当一个真实的外界事物被思考时，它就是那个外界事物。可是，由于这一思想是由一个关于同一对象的先前思想所决定的，所以它只能通过指示这个在先的思想而指称那一事物。"（CP5.285）皮尔士以一个具有专名的个体的人为例说明了这一点。例如，我们假定图森特（Toussaint）被人思考，起初被"思考为一个黑人"（我们姑且称之为思想 T_1），而不是被明确地"思考为一个人"（T_2）。如果 T_2 变得更加明确，那是通过想到"一个黑人是一个人"（T_3）；也就是说，其后的思考 T_2（"……是人"），是作为前一个思想 T_3，即作为黑人的谓语而指称那个它曾经是其谓语的外界事物。如果我们后来把图森特思考为一个将军，那么此时我们想到这个黑人、这个人是一个将军。"因此，在每一种情况下，后继思想都指示（denote）在先前思想中被思考的事物。"（CP5.285）据此看来，符号在其被思考的那个方面代表其对象；也就是说，这个方面在这个思想中是意识的直接对象，也可以说是那个思想本身。

我们已在上文指出了这种理论所面临的问题。现在，就让我们来考察皮尔士关于这个问题的解决。

（二）指标符号（indexical signs）和个体对象

1883 年，皮尔士和他的学生米切尔（O. H. Mitchell）就已经发现了量词〔逻辑〕。① 在一阶谓词逻辑中，量词约束个体变元，并且后者可以起关系代词的作用；量词和变元一起指称一个给定

---

① 参见：R. Dipert, "The Life and Logical Contributions of O. H. Mitchell, Peirce's Gifted Student", In *Transactions of the C. S. Peirce Society*, 1994 (30), pp. 515–542.

个体集合的一些或全体个体。形式逻辑的这些发展促使皮尔士在1885年认识到一种符号类型——"指标"(index)。皮尔士对量词的研究主要就体现在对其符号学中指标这一概念的分析之中。尽管这种符号不具有普遍性,但在认识中起着必不可少的作用:

> ……普遍性是推理必不可少的……但是〔通名〕本身并未说明话语(discourse)的对象是什么;事实上,话语的对象无法根据通名得到描述;它只能被指出(indicate)。我们不可能通过任何描述来区分事实世界和想象世界。因此就需要代词和指标……将指标引入到逻辑记法中,是米切尔系统的最大优点。(CP3.363)

大致说来,这一论证似乎是这样的:为了运用某一谓词(比如"—是红的"或"—爱—")来表达某种东西,我们必须能够对这一谓词所适用的存在的对象做出鉴别;并且,我们不可能仅凭普遍描述的方式去谈论存在的对象,或者对它们进行分类。用以"挑选"对象的最简单的一种指标符号就是指示代词。作为一种符号,指标的着重点就在于:它一方面同对象、另一方面又同起解释作用的思想处于动态联系之中,但无论怎样,指标对于对象的指涉都是使得人们能够据此找到对象。如果A对B说"那座房子着火了!"B会问"哪座房子?"这时,A就不得不求助于指标来告诉听者B,如何才能找到他所说的那座着火的房子。譬如,A用手指指向正在着火的那座房子,手指就立即与房子动态联系起来;同时,B的注意力、思想也被这一指标动态吸引着,从而转向并发现A所说的那座房子。一般而言,凡是能够引起我们注意的事物都是指标,如空气潮湿且气压降低,是下雨的指标,也就是说,我们假定了自然力在"空气潮湿且气压降低"与"将要下雨"之间建立了一种或然联系（probable connection）；风向标是风向的指标，因为：首先，它自身的方向与风的方向相同，这就证明二者之间有一种真实的联系；其次，当我们看到风向标指向某个方向时，它总是吸引着我们的注意力以注意那个方向。等等。

除此之外，我们在数学中常用的字母也大都是指标，只不过它们所指的对象有时被认为是存在于数学家头脑中的构设。就逻辑学而言，有两类指标尤其值得注意。一类是上文提到的"A""B"之类的指标，它们往往充当自然语言中的普通名词，例如，"如果 A 和 B 结了婚，C 是他们的孩子，D 是 A 的兄弟，那么 D 就是 C 的叔叔"，在此，A、B、C、D 等指标词实现了关系代词的职能；也使得我们能够在语言中方便地同时指称多个对象。事实上，这正是自亚里士多德以来逻辑学中就开始适用的变项。另一类就是皮尔士所说的选择代词（selective pronouns）①，即量词。根据这种类型的指标，我们（听者或读者）知道应该如何做才能找到或挑选出我们所欲求的对象。在所有选择代词中，又有两类特别重要：全称选择词和特称选择词。前者包括"所有""任何""每一个""无论什么"等，它们意味着，我们可以在特定范围内任意选出某一变元，都可以做出同样的断定，即可被同一个谓词所述谓。后者包括"某物""某个""一个"等，这些选择词意味着，只要听者或读者在特定范围内进行挑选，总可以找到适合于某一断定（即命题的谓词）的对象。从这种意义上而言，"every man loves a woman"（CP2.289-290）的等值语句就是"Whatever is a man loves something that is a woman"，其中"Whatever"就是全称指标词即全称量词，"something that"就是特称指标词即

---

① 根据语法学家的说法，即不定代词。

特称量词。除此之外，皮尔士还把"几乎所有""除了一个其余全部"等选择词以及时间副词、地点副词等都归为选择代词。

为了更深入地展开论证，皮尔士将上述观点同其关于命题的分析结合起来。根据皮尔士的观点，命题就是能独立表示其对象的复合符号；命题作为符号，其对象就是主项所表示的东西，其解释项就是命题的谓项（CP5.473）。一般说来，命题的主项就是用来识别谓项所表达的东西的指标（index）。在皮尔士看来，充当命题主项的表达式有两类：一类是简单指标表达式，一般说来就是专名或代词；另一类是由通名和量词组成的不定（indeterminacy）表达式，其不确定性包括两个方面：（一）存在量词所表达的非限定性和模糊性；（二）全称量词所表达的限定性（definiteness）。根据皮尔士关于指标的界定，前一类主项能直接指称其对象。现在的问题是：后一类主项如何能够起到确定对象的作用？在对这一问题进行分析时，"皮尔士表现出了与当代逻辑学家J.欣笛卡等人对于量词的博弈论解释或者对话逻辑（dialogic logic）极大的相似性"①。我们可以简单地把皮尔士的论证概括如下。

在某一命题语境中，我们可以设想说话者（utterer）和解释者（interpreter）两个人。根据皮尔士的观点，由于说话者对其所断言的命题的真值要承担全部的风险，所以他可以被视为其命题的辩护者（defender），并且对其真值非常关心。而解释者对说话者所断言的命题的真值并不那么感兴趣，因为在没有尽力考察它时，他并不能完全理解那一命题或者对它做出评价，更不愿意对其真值承担全部的风险，所以他相对地处于一种敌对态度。因此，皮尔士通常又将解释者视为说话者的"对手"（opponent）。

---

① 张留华：《皮尔士与量词》，载《华东师范大学学报》（哲学社会科学版）2002年第4期。

说话者实际上是自己命题的辩护者,并尽力证实其断言;而解释者则试图反驳它。由于包含通名和量词的一类主项并不指称任何确定的对象,而只是向我们显示:为了发现谓词可适用于其上的对象,说话者和解释者应如何行动,因此,在说话者和解释者之间就形成一种类似于"二人对局"的局面。我们姑且称之为"U-I对局"[①]:

(1)如果命题中包含非限定性的不确定指标,那么**说话者**(而非解释者)就有权自由选择指标符号所代表的某一对象,这样的符号就是存在量词,正是从这种意义而言,皮尔士常常把量词称为选择词。假设 U 断言"某一战士是勇敢的",那么 U 就要对这一命题的真值负责。如果:a. 他选择一个战士作为研究的对象,而那个战士被证明是不勇敢的,或者 b. 事实可以表明,他不可能选择任一战士来为其断言进行辩护,那么他就会受到抵制。

(2)如果命题中包含限定性的不确定指标,那么**解释者**(而非说话者)就有权自由选择指标符号所代表的某一对象,这样的符号就是全称量词。假设 U 断言"所有战士都是勇敢的",那么 U 就为解释者留有充分的余地,从而使得解释者有权指定指标的值。如果解释者能够提出任何一个不勇敢的战士作为证据,那么 U 就会遭到抵制。

(3)如果命题中包含多重量词,那么每一存在量词则表明说话者对于某一对象的选择权;而全称量词则表明解释者相应的选择权。如"某一妇女被每一位天主教徒所爱慕",其意思就是"说话者可以找到一指标,其对象将是某一妇女;倘若解释者选择任一对象作为天主教徒的指标,则那一天主教徒必定爱慕那个

[①] 在这一点上,笔者受到了希尔皮宁(Hilpinen)的启发,但希尔皮宁并未明确地用对局的观点分析皮尔士的思想。请参见:R. Hilpinen, "On Peirce's Theory of the Proposition: Peirce as a Precursor of Game-Theoretical Semantics", in *The Monist*, 1982 (65), pp. 182–188.

妇女"。

综上,对于一般而言的包含量词的命题,其"真"就可以定义为:说话者能够成功地防御解释者的攻击,从而得以守卫命题。

如果我们承认皮尔士关于命题的这种分析,那么我们就可以合理地推知:主词并非完全独立于语言或符号行为。相反,它是"解释者从日常经验域中所可能选择的任一个体对象"(CP5.473)。尽管"日常经验域"(the universe of ordinary experience)中的对象是单独的个体,但主词却是由解释者所选择的对象。根据皮尔士的观点,谓词所提供或蕴含的信息类与对作为主词的对象的选择有关。这样一种对象,即由解释者所选择的主词的对象(subject's object),就是皮尔士所说的直接对象。但是,主词对命题真值或者对谓词可适用性的限制,必须来自动态对象,这种对象是实在的并且独立于具体的符号过程。而且,上文已经表明,命题作为符号,其对象就是主项所表示的东西,其解释项就是命题的谓项。既然谓词所提供的信息与主词对象的选择相关,并且主词对命题的真值以及谓词的可适用性有所限制,那么,对象就在某种程度上决定或限制着解释项。

(三) 直接对象和动态对象

上文已经指出,皮尔士本人承认他并未充分地说明一个符号的对象是什么。尽管如此,我们还是可以根据他关于指标符号和量词的研究,找到理解对象和解释项的一些"线索"。

直接对象与解释者对主词之对象的选择相关,它是相对于解释项而言的,并且依赖于三元组的符号行为或符号过程;动态对象则独立于符号行为或符号过程,并且限制着符号的解释过程。为了阐明这一点,让我们首先从符号行为的本质说起。

概而言之,符号行为的本质是这样的:如果"A 产生 B 是**为了引起 C**",那么这种行为就是三元组的符号行为。也就是说,在这一关系中必然存在某种目的（telos）。很明显，这种关系区别于"A产生B"和"B产生C"的相加。关于这种三元符号关系的独特性，我们已经在本书第一章做了分析。现在的问题是，这样一种符号关系是如何发生的？根据皮尔士的观点，意义产生在真实的三元关系之中，并且这种关系不能还原为二元关系和一元关系，因为第一性和第二性本身并不构成可理解性的范畴。那么，某一事物或事件**何时**才能实现其符号学上的功能，并从而成为符号学上的对象？现在，就让我们以他关于指标符号的研究为契机，来尝试性地回答这一问题。

在皮尔士看来，指标同其对象是直接相关的，并且不以普遍概念为中介；正是通过与指标的关联，普遍概念才可被应用于个体对象。指标只有借助于同其对象的实际关联才能指示其对象，所有的自然符号和物理征兆都具有这种本质。并且，指标与对象之间的关系通常是二元的因或物理关系，这种关系往往具有强迫性。但无论如何，它都存在于**个体之间具体的或实存的关系之中**。

但是，指标很少是纯粹的。本能、习惯或习俗促使我们注意伸出的手臂和手指，并且告诉我们沿着它指明的那条线观看；没有那种本能、习惯或习俗，指标指（index finger）就有可能不存在"指向"的意图。然而，手指所指明的那条线只依赖于这一事实：它是在此时此地以这种方式被伸出的。也就是说，本能或习俗唤起对这条线的注意，但并未创造那条线。正是从这种意义而言，指标是与皮尔士所说的第二性范畴相对应的。我们在上文指出，既然第二性是关于他性（otherness）的范畴，那么指标就可以指称自身之外的另一物。但是，第二性这一范畴就其自身而言并不是关于可理解性的范畴。因此，指标要根据伴随着它们出现的其他符号或者根据有关指标类型的背景知识得到解释。例如，

"脉搏的加快是由发烧的出现引起的"就是一个二元关系的例子。脉搏的速率是发烧的症状或指标。如果加速的脉搏相应地又导致头晕眼花,那么我们就有两种二元关系或二元行为:首先,发烧导致脉搏速率升高;其次,升高的脉搏速率又导致头晕眼花。正如我们在上文所指出的那样,这两种关系的合取并不构成一个有意义的三元关系。因为发烧并非**为了导致**头晕眼花才出现。相反,如果关于升高的脉搏频率的某一心理表征(mental representation)被产生出来,比如产生在某个医生的思想之中,那么一种三元组的行为(triad action)就会产生。原因就在于,这个医生随后就会**解释**这一表征,从而根据医学上对症状的类型及其原因的鉴定,把它理解为发烧的一个指标。这样一来,"关于指标的某一心理表征就会被产生,这种心理表征被称为符号的**直接对象**"(CP5.473)。换言之,符号的直接对象就是一个心理表征,这种心理表征是指标的产物。更为重要的是,"这种心理表征将一个初始的、未经解释的(pre-interpreted)客体呈现给解释,使其成为〔解释的〕对象"①。照此看来,直接对象就是作为指标的表征而直接起作用的东西。

但是,初始的、前符号学的(pre-semeiotic)对象是二元的、指标性因果关系(发烧和升高的脉搏之间的关系)的一部分。在未被解释为一个指标之前,亦即,在未被解释为发烧的一种指标性表征(indexical representation)之前,升高的脉搏就不能成为一种真正的症状。从符号学的观点看,它就无法成为一个有意义的三元整体的一部分。从这种意义上而言,它只是一个"准符号",具有潜在的可解释性。由这一心理表征所产生的解释就被称为符号的直接对象。这么一来,发烧作为一种症状,就不是一

---

① C. R. Hausman, *Charles S. Peirce's Evolutionary Philosophy*, Harvard University Press, 1993, p.76.

个直接对象。然而，升高的脉搏作为一种症状，却有助于决定某种解释；它引起一种心理表征，而这种心理表征可以成为被解释的对象——直接对象。我们由此可知，思维的对象并非直接被给予的存在的事物本身，因为我们只能通过概念或解释才能理解事物。需要注意的是，尽管对象不可避免地与思想相关，但是它可以独立于某一具体的思想。这样一种独立性恰恰就是动态对象所具有的本性。

在先前的例子中，直接对象并非发烧本身，而是关于升高的脉搏频率的表征，对于医生来说，这一表征又产生另外一个思想或符号，这个另外的符号就是解释项。由此而发生的解释过程使得升高的脉搏作为发烧的指标而具有可理解性。但是，作为一种前符号学上的对象，发烧是一种初始原因或前提条件，这种初始原因或条件对人类解释者或使用符号的存在物（beings）产生一种动态的限制或影响。前符号学上的对象与另外某个对象处于二元关系之中。因此，在脉搏频率和解释者（脉搏频率通过某一心理表征对其产生影响）之间就存在一种前符号学上的关系。

这么一来，指标符号的发现就可以促使我们认识到符号与对象之间的一种区别于符号意指的关系。因为在皮尔士看来，符号的意指过程是一种三元关系，在其中，解释项在符号与所指对象之间起中介作用。但是，指标符号与其对象之间的关系则是二元的。很明显，这两种关系是不同的。尽管皮尔士并未明确地说明这两种关系是如何相关的，但是通过以上分析，我们还是可以得知：符号关系（或符号的意指过程）必须在某种程度上依赖于一种居先的关系，这种关系就是"什么是符号"与"什么是符号的对象"之间的关系。这恰恰就是指标符号对皮尔士符号学的发展所产生的最根本的影响。除此之外，指标符号的发现对皮尔士符号学的发展还具有另外一种意义。

指标符号的发现拓展了符号学的研究范围。尽管指标在认识中起着必不可少的作用，但就其本质而言，它并不局限于认识，它主要关乎与其对象的直接相关性。因此，符号学研究就不仅仅囿于思想和语言领域。所有的自然符号，如烟是火的符号、雷声是闪电的符号、发烧是疾病的符号等，也必须被融入符号学的研究范围。指标当然可以被思想所解释，但更为重要的是，指标的可解释性取决于思想中的注意行为。当我们运用某种与指标相结合的观念时，指标的作用就是使我们朝向特定的方向或者指向特定的对象。如果指标与其对象直接相关，那么认识通过它所包含的指标也与对象联系起来。这样一来，为了获悉某一（认识）对象，这一认识本身就不必非得是一个先行认识的解释项。正是在这一方面，我们认为，皮尔士在某种程度上放弃了其早期观点：每一认识都前后相继，从而构成一个无限的符号序列。

当然，上述观点直到1904年才被阐明：皮尔士当时也承认，解释项不仅仅是思想－符号，而且也可以是行为或感觉（CP8.332）。感觉是一元的；行为是二元的；而符号（关系）则是三元的。到了1907年，皮尔士将这些类型的解释项分别命名为情感解释项（emotional interpretant）、动能解释项（energetic interpretant）和逻辑解释项（logic interpretant）（CP5.425－426）。逻辑解释项在那时已不再被认为必然是一个思想－符号。

如果符号学的研究领域可以延伸至非思想性的（或非概念性的）解释项，那么我们似乎可以合理地推断：它也可以延伸至非人类的解释者（nonhuman interpreter）。[①] 一个人被击打时，会回

---

① 这方面比较有洞见的研究可参见：T. L. Short, "The Development of Peirce's Theory of Signs", published in *The Cambridge Companion to Peirce*, edited by C. Misak, Cambridge University Press, 2004, pp. 214－240.

头四处观望,但一个正在吃草的鹿受到噪音惊吓时也会举目四望;一个老练的司机看到停车标志时不假思索地停下来,但一只警犬嗅到地面情况时,也会不假思索地沿着猎物的嗅迹进行追捕。倘若如此,那么,符号学不仅是关于自然符号的研究,而且也是关于解释的自然进程的研究。这在某种意义上表明,我们或许可以在自然中找到人类心灵的某种"痕迹",换句话说,人类心灵可能是某种更原始的符号学意义上的官能(semeiotic capacity)的延伸。

当然,你可能会用一般而言的"意向性"(依赖于意识)概念来反驳我们的上述推测。但是,笔者将在下文表明,这种推测不仅是合理的,而且也是可行的。出于这种考虑,笔者将在下文重点分析皮尔士所说的"最终的逻辑解释项"这一概念,并尝试性地提出其成熟的普遍符号理论所依赖的某种进化机制。

第二节　符号学理论的深化

一　动态对象和逻辑解释项

关于动态对象,皮尔士并未提出一个明确的概念性定义,我们只能根据一种操作性定义来理解它。我们以皮尔士关于 lithium(锂)和 hard(硬的)的意义的分析为例,来说明这一问题。在 CP1.615 中,皮尔士这样写道:

> 只要一块石头是硬的,那么每一次用一把刀试图以一定的压力来划破它的尝试都肯定会失败。称这块石头是硬的,就是做出这样的预测:不管你多么频繁地进行上述试验,它每一次都将失败。

在 CP2.330 中，皮尔士又说：

> 如果你翻阅化学教科书查看锂的定义，你会被告知，它是原子量接近为 7 的那种元素。但如果是一个更有逻辑头脑的研究者，他就会告诉你：如果你在玻璃状的、半透明的、灰白色的、易碎的、不能溶解的矿物中寻找一块带有深红色暗淡光泽的矿物，那么这块矿物在和石灰或老鼠药一起被磨碎后，它就可以部分地溶解于盐酸中；并且，如果这种溶液被蒸干，同时用硫酸将残渣提炼出去并及时地进行提纯，那么我们就可以用普通方法将它转变成漂白粉……这种定义的独特性……就在于：它通过对你的行为的规定——为了获得关于对象的某种知觉性认识（perceptual acquaintance），你要做什么——而告诉你锂这个词指的是什么。

在上述两个例子中，我们只能通过操作性定义来理解动态对象。从这种意义上而言，动态对象相当于一套操作规则：为了获得某种关于对象的知觉经验，我们应该做什么。但是关于动态对象的界定必须通过其他的符号得到阐明。在第二个例子中，锂这个词已经被其他的符号所解释；只有通过这种解释，我们才能够将其应用于某个对象。那一对象可以是一种具体的可能性，但是我们只有通过解释过程才可以知道它。在皮尔士看来，符号本身不足以使我们认识对象（CP2.231），而为了认识对象，我们就需要关于这一对象的先前经验（CP8.181）。这并非意味着，为了理解符号及其可能的应用，我们必须先行认识其对象。事实上，皮尔士的意思是说为了理解符号，我们只需要知道"符号系统的规则或总体约定是什么"（CP8.181）。①

很明显，皮尔士把动态对象划归为一系列的解释项。动态对象无非就是一套操作规则，这些规则使得关于某一单一对象的具体经验成为可能，而解释项则是符号与其可能的个体对象之间唯一可能的中介。"如果符号是其对象之外的某种东西，那么要么在思想中要么在表达中，必然存在某种说明、论证或其他的语境，这些说明、论证或语境表明，符号基于何种系统或出于何种原因才代表着某个对象或对象集。"（CP2.230）从其范畴理论的观点看，对象只是一种可能的第二性，而解释项作为符号关系的本质元素，则是一个第三性。"某一表现型（或符号）对于一个第三（称之为其解释项）来说，与一个第二（其对象）处于一个三元关系之中。这种三元关系是这样的：这个表现型决定着其解释项，使其对于某一解释项而言，处于与同一个对象的同样的三元关系之中。"（CP1.541）根据我们先前的分析，这是一个无限的符号解释过程。因此，符号只能通过一个无限的符号网络来指称其对象。这样一个"符号解释符号"（或者"思想解释思想"）的无限网络构成一个无限的符号指示过程（signification），我们称之为意指关系的世界。现在的问题是，我们如何将意指关系的世界同事实世界联结起来？具体言之，无限的符号过程如何与具体的对象或经验发生关联？事实上，这只是我们上文所提出的其早期理论所面临的问题的另一种表述。关于这一问题，皮尔士通过对指标符号和量词的研究，已经做出了某种程度的回答。现在，

---

① 有意思的是，艾柯在分析这一点时曾指出，如果我们根据当代结构语义学（structural semantics）的观点来思考上述两个例子，那么我们就可以认识到，当皮尔士谈论动态对象时，他不仅将其视为某人为了获得关于对象的知觉经验所要执行的一套操作规则，而且还包含着对某一既定表达式的成分分析。因此，艾柯认为，皮尔士所提出的关于锂的定义是百科全书式的成分分析的一个鲜明例子，同时也是操作性定义的一个鲜明例子。详细讨论可参见：U. Eco, "Peirce's Notion of Interpretant", in *Comparative Literature*, 1976（91：6），pp. 1457–1472.

就让我们转向另外一种解决途径，即对逻辑解释项（或最终解释项）的分析。在笔者看来，皮尔士关于逻辑解释项的观念是联结上述两个世界的纽带。

首先要指出的是，皮尔士在对对象进行研究时，并不十分关心对象在本体论意义上所具有的一系列属性，相反，他更关注对象产生有效经验的动因和结果。从这种观点看，发现一个对象也就意味着发现一种行为方式，根据这种方式，我们对世界产生影响或者提出关于对象的实际应用。实在并非事实的集合，而是一种结果。只有透过这一视角，我们才能真正理解皮尔士所说的逻辑解释项。

关于这一概念，皮尔士有过诸多讨论（见 CP5.473、CP4.536、CP4.572 等），而他本人非常坦率地承认他被这一概念搞得心烦意乱，并没有一种关于它的清晰观念。所以，我们只是试图抓住他的核心论证，而忽视许多细节的讨论。在诸多讨论中，皮尔士所要表明的一个核心论题就是：**最终的逻辑解释项就是习惯**。现在，就让我们简要地考察他的论证。

在 CP5.475-493 中，皮尔士集中讨论了"习惯"这一范畴。根据皮尔士的观点，"习惯"这个概念具有两种不同的意义：首先是行为上的；其次是宇宙论上的。与前者相应，一个符号可以产生出情感解释项和动能解释项。当我们凝思一件音乐作品时，情感解释项就是我们对音乐迷人力量的通常反应，而这种情感反应又会引起一种身体或心理上的努力，也就是说，这种情感反应需要一定的心理能量，也即付出一定的努力。这种身心反应就是动能解释项。在皮尔士看来，动能反应（energetic response）并不需要得到解释；相反，它只是通过进一步的重复引起习惯的改变。既然皮尔士将一般而言的意义等同于一般而言的解释项（CP4.536，5.475），那么情感解释项和动能解释项就包含着意义的其他一些纬度，例如，它们分别包含了情感意义和祈使意义（imperative meaning）。被错误地惩戒时会感到愤怒、被正确地惩戒时会感到羞愧，都正确地解释了惩戒这个概念。服从一个合法命令的人，其行为正确地解释了那一命令，即使这一行为在缺少一个中介思想的情况下自动地遵循这一命令。但是，"一个概念的意义或充分的最终解释，并非包含在任何一个行将被做出的单一事件或多个事件中，而是包含在行为习惯之中，或者说包含在对可能出现的行为方式的普遍的心理决断之中"（CP5.504）。

我们在行为习惯中发现一个概念的意义。而这种行为习惯是一个人在应用这个概念或将它应用于具体对象时所形成的。如果我相信这个炉子是热的，那么相应地，我会倾向于采取下述行动：出于一些目的而避开它，并且告知其他人。掌握热的概念就是准备形成这种倾向：如果一些特定条件得到满足，那么在对一些特定结果进行观察的基础上，我们可以预见，其他一些特定结果就将出现。这就意味着，在我们获悉一系列的符号并且对它们进行各种解释之后，我们在世界中的行为方式就会发生暂时的或永久的改变。这种全新的语用学的观点就是逻辑解释项。在这一点上，逻辑解释项作为习惯，与动态对象惊人地相似：二者都是与连续的实在发生交互作用的规则，而实在的连续统一体又产生出个体事件以及知觉的具体对象。这样一来，逻辑解释项就在符号过程和物理实在之间架起一道"桥梁"。

更为重要的是，如果我们从宇宙论上来考虑，即使是自然界也具有习惯，这些习惯就是自然法则或规律。正如皮尔士所言："普遍准则（general principles）实实在在地在自然界中起作用。"（CP5.101）既然存在普遍准则，那么一个符号的终极意义或最终的逻辑解释项就可以被视为一种普遍规则，这种普遍规则使得我们有可能检验或产生出一种特定的习惯。由这个符号所产生的特定习惯既是以某种惯常方式行动的行为倾向,又是对那一行为的一种规定(prescription)。如果从这种角度来重新思考皮尔士关于"锂"的定义,那么我们就可以合理地推出:这一定义("锂"的最终的逻辑解释项)既是支配"锂"产生的物理法则;又是我们为了产生出关于它的某种经验而应当养成的某种倾向。因此,作为一种宇宙论上的动态对象,习惯就是关于某一操作规则的最终定义。

将最终的逻辑解释项等同于习惯,皮尔士因此也就将其符号学同实用主义结合了起来。

二 作为最终逻辑解释项的实用主义

在考察皮尔士的符号学与其实用主义的关联之前,有必要首先指出我们应如何正确地理解他的实用主义学说:皮尔士的"实用主义准则"(Pragmatic Maxim)根本不是对语言使用的语义学概括,而是对在某种沟通语境中的符号意义做出规范性的阐明。"实用主义准则"是这样一种规则,为了澄清观念(conception)的意义,我们应当"考虑(观念)可设想的实际后果。我们设想我们的观念会产生什么样的实际影响,那么,我们关于这些影响的观念就是我们关于对象的全部观念"(EP1.132)。因此,如果某种思想(或观念)的实际影响在于一种习惯,那么,我们关于这些影响的观念就将包含一系列条件陈述句(conditional statements)。如果关于对象的观念同它指称的对象一致,那么,我们就用这些条件句来描述在所有可设想的条件下行动所产生的影响。皮尔士有时也用实验主义(experimentalism)的态度来阐释这一问题。如果站在实验主义的立场,那么,任何语句的意义就在于"实施某种特定的实验,将会伴随着一种特定的结果"(CP5.411)。观念的意义存在于一系列条件句中,而每一语句又都隐含了这样一种主张：如果采取特定的行动，必将伴随特定的结果。从这种意义而言，皮尔士的实用主义从根本上说是关于意义的语用学理论。

值得注意的是：既然皮尔士关于意义的语用学（pragmatic）理论已经在其1878年的论文《如何使我们的观念清晰》中提出，那么令人感到奇怪的是，他为什么花了29年的时间直到1907年才将这一理论同其符号学结合起来。难道长久以来皮尔士都未能察觉关于意义的1878年说明与1868—1869年思想-符号理论之间的矛盾？

对这一问题的回答取决于1878年实用主义准则被阐明的方式。正如皮尔士本人在1906年所指出的那样，贯穿整个准则的重点是conception①（观念，更准确地说是抽象的普遍概念）。其意图无非就是用对观念的实际后果的观察或描述来取代对观念意义的理解。"为了揭示观念意义，我们必须**直接**去决定其产生的习惯是什么。"（CP8.315）② 因此，是习惯本身而不是关于习惯的概念，才是一个概念的解释项（更确切地说，就是最终的逻辑解释项）。皮尔士接着说，词语解释项（verbal interpretant）以及词语定义都"次于在习惯中发展起来的有生命力的定义"。而且，

> 真实而又有生命力的逻辑结论就是习惯；词语上的说明

---

① 在1906年所加的一个脚注中，皮尔士本人曾提到"设想"的派生词"可设想的"，在某种程度上反映了他使用这个词的意图。其目的就是要避免这样一种嫌疑：似乎他在1878年曾力图把符号的"意义""还原"为那种不具有概念的普遍特性的东西（例如感觉材料或实际行动）。

② 皮尔士在此旨在表明，思想根据某个规则对正确解释来说可能引起何种习惯。在致威廉·詹姆斯的一封信中，皮尔士曾这样说："最终解释项并不存在于任何一个心灵的实际活动方式中，而是存在于每个心灵的可能活动方式中……如果任何一个心灵有如此这般的遭遇，那么这个符号将决定这个心灵采取如此这般的动作。我用'动作'一词表示服从某种自我控制意向的行为。绝没有任何一个心灵所遭遇的事件和任何一个心灵的行为能够构成那种条件命题的真理。"（CP8.315）

只是表达了它……作为一个逻辑解释项的概念就是这么的不完善。它在某种程度上具有几分词语定义的性质，并且次于在习惯中发展起来的有生命力的定义。(CP5.491)

照此看来，皮尔士关于最终逻辑解释项的研究（最终的逻辑解释项就等同于习惯）在其实用主义以及符号学领域都是一场革命（我们姑且称之为"1907年变革"）。在笔者看来，"1907年变革"具有双重的意义。

（1）它是皮尔士脱离极端理智主义（intellectualism）的关键一步；也正是在这一年，皮尔士首次将其实用主义和符号学结合起来而系统地表达。原因就在于，与行为及感觉不同，习惯具有概念本身所具有的普遍性特征，并且具体事例无法穷尽其普遍性。正如皮尔士所言，习惯是一种"对采取何种行动的条件性的普遍决断（conditional general resolution）"（CP5.402）。既然"实用主义准则"是对在某种沟通语境中的符号意义的规范性阐明，而一个符号（或概念）的意义或充分的最终解释又包含在行为习惯之中（CP5.504），并且习惯又等同于最终的逻辑解释项，因此，**实用主义就可以被视为关于最终逻辑解释项的学说**。但是需要注意的是，尽管习惯在皮尔士那里等同于一个观念的意义，但是我们不能按照休谟或行为主义的语言用法把它理解为因果决定地观察事实，而是要把它理解为能够在我们的自我控制的主体行为与可能的观察事实之间起中介作用的规则，即他所谓的"第三性"范畴：

于是，习惯的同一性取决于它如何可能引起我们行动，不只是在很有可能出现的情形中，而是在任何可能出现的情形中，不管可能性多么小。(CP5.400)

从这种意义上而言，皮尔士的实用主义具有不可还原性：它并未将普遍还原为一些具体的叠加。基于同样的理由，我们也不能认为实用主义是一种狭隘的实践学说。它并非意味着，我们纯粹是为了行动才思考。相反，在实验科学中，我们行动是为了检验我们的理论，因此也就是为了达到正确的思想。正如阿佩尔所言：①

> 皮尔士符号学的实用主义并不是要把意义还原为经验社会科学的客观事实，而是要探讨关于可能实验经验的意义阐明的元科学规则。皮尔士在此并未用实验事实的观察来取代意义理解，而是在思想实验中把意义理解与可能的实验经验联系起来。

但是，如果我们遵循皮尔士的方法，试图去决定我们藉以阐明概念意义的那些习惯，那么，我们就必须在某种程度上预设关于概念意义的先行理解。例如，我们在研究物理学中的基本概念（如"同时性""长度"等）的定义时，我们所运用的方法依赖于对概念意义的假定，而概念的意义又是由一套操作规则来规定的。这么一来，我们似乎陷入一个逻辑循环之中：习惯（或一套操作规则）已经包含了概念的意义或最终的充分解释，而我们又借助于习惯去阐明概念的意义。结合皮尔士的观点，我们尝试性地提出对这一困境的一种可能回应：首先要指出的是，只有当我们想把意义"还原"为可规定的或者可描述的行为方式时，我们才必须坚持一种演绎逻辑；而当我们通过可规定的行为方式先行假定关于意义的理解时，这种演绎逻辑就会迫使我们陷入一个恶

---

① ［德］卡尔-奥托·阿佩尔：《哲学的改造》，第121—122页。

性循环之中。但是，如果我们借助于一些符合"实用主义准则"的思想实验来澄清概念的意义，那么其中所发生的绝不是这样一种还原，而是**阐明**一个被含糊地先行理解了的概念。所以，实用主义的功能之一就是"有效地排除一切在本质上不清晰的概念"（CP5.206）。与一种可在逻辑上形式化的理论构造方式不同的是，这种阐明方式不是从事态演绎出事态，相反，它致力于在命题语境中对概念意义的沟通；对其客观性的唯一辩护就在于：这种方法是主体间相互可检验的。因此，其着眼点在于阐明概念意义的可能的实验经验。习惯是意义的最终解释，但并不排除意义的词语解释。因此这里并不存在循环。在后期著作中，皮尔士用"与事实相反的条件句"即"如果／那么"命题说明了这一点。① 这样，他就通过指涉未来的方法而阐明了意义，这种方法与任何一种经验主义者的还原理论区别开来。1905年以后，皮尔士明确地

---

① 我们只能简要地说明皮尔士关于这一问题的分析。根据皮尔士的"实用主义准则"，"实在"的语用学上的意义只能是我们所认为的真实事物所具有的可设想的实际影响。而这些事物对我们的唯一影响就是产生信念。因此，如果我们对于这些影响的理解就是我们关于"实在事物"的全部理解，那么这些实在事物使我们所产生的信念将是我们关于那些实在事物的全部理解。也正是从这种意义而言，皮尔士将"实在"等同于研究者共同体最后达成的一致意见。但是，这样一种理解很快就遇到了麻烦。因为我们有理由相信，实在的事物很可能不是最后意见的一部分。例如（参见［美］科尼利斯·瓦尔《皮尔士》，第70—72页），"克娄芭特拉（Cleopatra）在她五岁生日的那天早晨打了三个喷嚏"这件事很可能是真的。一旦它成为真实的事实，那么它就独立于我、你以及任何人关于它的看法（这一点符合皮尔士关于实在事物的界定）。但是，对于这样一些问题，我们可能连达成最后意见的可能性都没有。虽然我们可以坚持无限研究的观点（即，如果克娄芭特拉打喷嚏的问题被研究得足够深的话，我们将最终得出她在那个特殊的早晨打了三个喷嚏的结论），但是这种研究观依赖于这样一种事实：宇宙是完全被决定了的，亦即，我们至少可以在原则上从宇宙的当前状态推出过去的任何事件。但是，皮尔士明显持有反决定论的观点。在他看来，宇宙里面存在真实的偶然性因素，我们不可能从当前的状态推出任何过去的事件。所以他试图通过反事实条件句（counter-factual conditionals）（CP8.284）来解决这一问题。其论证的要旨概括说来是这样的：如果从一开始这个问题就被研究，而且研究过程无限地进行，那么这个研究就会导致一个所有的研究者都同意的最后意见。在这一点上，实用主义也就等同于他所说的"假说推理的逻辑"（abduction）。有关这方面的讨论还可参见：C. Misak, *Truth and the End of Inquiry*, Clarendon Press, 1991.

区分出三种类型的解释项,即情感的、动能的和逻辑的(CP5.476)。这种区分再次印证了我们的上述分析。根据皮尔士关于解释项的划分,只有前两类符合符号对解释者所产生的经验上可决定的效果,但是我们已在上文表明,这种可决定的效果并不能构成概念可阐明的意义或"最终解释"。而诸如一个命题的逻辑解释项却是:

> 那种翻译形式,在其中命题变得可应用于人类行为,不是在这些或那些特殊条件下可应用,也不是当人们抱有某一特殊的意图时才可应用,相反,这种形式在任何情况下对任何目的来说,都可以最直接地应用于自我控制。这就是为什么他(实用主义者)要把意义置于未来之中;因为未来行为是服从自我控制的唯一行为。(CP5.427)

因此,(2)直到 1907 年的这次变革,我们才打破语词的循环,打破语词解释语词的循环,打破思想解释思想的循环。有意义和无意义之间语用学上的区分是这样的:有意义的言说和思想有最终的逻辑解释项,而无意义的言说和思想,尽管往往也被转变为〔解释为〕进一步的思想和语词,但都缺少最终逻辑解释项。由于可以由行为习惯来解释,所以有意义的言说同非言语世界(nonverbal world)紧密结合起来:例如,断言可以作为行动的指南并且可以被那些行动的结果所检验。这样一来,皮尔士关于实用主义的符号学说明,就指向一种无限的科学家共同体最终向真理的趋同。如同作为"逻辑解释项"的习惯不能还原为一个客体一样,这种由习惯构成的主体也不能被还原为经验社会科学的客体。这个共同体是"一个实在的实验和解释共同体,在其中,一个理想的、无限的共同体作为一个终极目的(Telos)也同时被设定起来"①。

第三节 具有目的导向的解释

尽管我们可以根据"是否具有最终的逻辑解释项"这一标准来区分有意义和无意义的概念或语词（当然是就其语用学的意义而言的），但是，这种区分标准单凭其自身并未告诉我们符号的意指是什么。只是产生出一种感觉、行为或行为习惯并不能使某物成为符号；造成这一结果的原因有多种，但是只有少数结果才会被我们认定为符号。在1907年，皮尔士是这样来描述符号过程（semeiosis）的：符号过程具有目的导向性（end-directed）（CP5.472）。只有出于某种目的，解释才会发生；符号过程的目的导向性说明了意指过程的本质特征。如同皮尔士早期理论所表明的那样，过程是关键；但更重要的是，在这个过程当中，即使是一个单一的解释项也能形成。

如果符号过程具有目的导向性，并且，如果我们打算用符号过程这一观念解释有意识的思想，那么目的导向性就不能作为一个普遍规则预设意识。否则就是循环论证。由于这种原因，皮尔士成熟的符号学理论是以关于终极原因（final causation）的理论为基础的，并且依赖于他在1891—1898年对物理规律以及进化论所做的分析。因为上述理论（有关终极原因的理论）使得终极原因或趋向某一目的的导向性，独立于有意识的趋向。皮尔士在引用亚里士多德时指出（CP1.211），从亚里士多德的意义上而言，终极原因具有目的论的含义。除此之外，皮尔士关于符号过程的目的论解释还依赖于19世纪自然科学的发展，具体说来就是统计

---

① ［德］卡尔-奥托·阿佩尔：《哲学的改造》，第125页。

力学和达尔文的理论。①

限于篇幅,我们无法对皮尔士有关终极原因的观念进行充分的解释和辩护(可参见 CP1. 203 – 231、2. 149、8. 272 等)。但是皮尔士论证的要旨是这样的:当发生偶然变化的机械事件导致一种在实践上无可改变的持久倾向时,我们可以从统计学上这样来解释那种倾向:它的形成乃是由于某一类型的变体相较其他类型的变体而言,得到更多的支持或证实。就达尔文的自然选择而言,各种遗传变异(genetic variant)保持力的差异要根据它们不同的效果型(types of effect)来解释:相较别的遗传变异而言,某些变异提高了成功繁殖的概率,从而保持较大数量的繁殖群体和持续进化。尽管这一过程中的个别阶段完全符合机械论的说明,但是总的说来这种说明并非机械论上的,因为对这一过程中的倾向性的解释不是由具体的机械力所决定的,而是由对普遍的效果型的选择所决定的。具有说明力的效果型就是亚里士多德意义上的"终极原因"。现在,我们就根据皮尔士的这种论证来考察其成熟的符号学理论。

皮尔士成熟的符号学理论由以下几部分构成。

首先,如果我们以如下方式来解释某个器官特征 X:它之所以被选择性地保留下来,乃是由于它通常所具有的效果 E,那么 X 就可以被认为是为了(for the sake of)E 而存在。② 简言之,E 是 X 的目的。一个目的就是一种类型,它曾经是或将继续成为选择的对象;至于这种选择是否有意识则无关紧要。如果心脏的一些特征之所以作为遗传变异的结果一直被保留下来,是由于它们

---

① 参见:P. Wiener, "The Evolutionism and Pragmaticism of Peirce", in *The Journal of Philosophy*, 1946 (42), pp. 383 – 388.

② W. C. Wimsatt, "Teleology and the Logical Structure of Function Statements", in *Studies in the History and Philosophy of Science*, 1972 (3), pp. 1 – 80;另见 L. Wright, *Teleological Explanations*, University of California Press, 1976.

促进血液循环的话，那么心脏存在是因为它促进血液循环；换句话说，促进血液循环是其目的。

其次，我们应当把"为某一目的而存在"同"为某一目的而行动"区别开来：心脏机械地而非有目的地实现其目的。一旦行为具有目的性，那么变异和选择就会成为行为本身（至少是潜在地）所固有的东西：一旦行动失败，行为就会发生变化；而成功的变异（如果有的话）就会被选择下来。被选择下来的类型就是行为的目的，我们借助它界定成功与失败。从这种意义上而言，选择也许就存在于一个成功变异的重复之中，或者在于使得某一成功变异成为惯常变异，或者在于终止一种行为。因此，如果一个动物漫无目的地到处活动直到发现食物源，那么，我们就可以认为这个动物就是在有目的地行动。从这种意义上而言，我们认为：严格重复的行为，尽管看似机械，但只要在其未成功的情况下会发生变化，也可以说是有目的的。

最后，有目的的行为并非完全就是任意的。它必然有某种根据或基础。不管这种根据或基础多么可误（fallible），甚至是错误的，它也会将这一行为与其目的联系起来。举个简单的例子。① 一只黑熊为了寻找蛴螬在腐烂的圆木中到处乱拱；找到蛴螬是其行为的目的。它的这种行为倾向以下述两个事实为基础：Ⅰ. 腐烂圆木的气味与富含水分的高蛋白的蛴螬的出现之间过去的相关性，这种相关性要么存在于这只熊的经验之中，要么存在于熊类的进化过程之中；Ⅱ. 它的这种行为（在腐烂的圆木中到处乱拱）还取决于那一类型的特殊气味的出现。当然，一个动物赖以行动的某种相关性可能会很弱，但这并不妨碍其行动的继续进行。例如，倘若食物很难弄到，那么即使是1%的相关性也能为这只黑

---

① T. L. Short, "The Development of Peirce's Theory of Signs", in *The Cambridge Companion to Peirce*, edited by C. Misak, Cambridge University Press, 2004, pp. 231–233.

熊的行为提供辩护（justification），亦即，这种脆弱的相关性能够证明这只熊的精力消耗是应该的。这一点与皮尔士认识论上可错论（fallibilism）学说很好地结合了起来。如果从这种意义上来理解可错论，那么我们就可以认为：即使这只熊的行为得到辩护，但它还是有可能会失败。如果气味与蛴螬出现之间过去的关联已经无法持存，或者，如果这只熊的嗅觉器官有缺陷，以至于当它对一种气味做出反应时，其实是对另一种气味的误认，那么错误就会发生。目的导向性为我们运用评价性语言描述器官特征以及动物的行为打下基础。

如果我们从上述三点来理解皮尔士成熟的符号学理论，并且以目的导向性为基础来理解符号过程，那么：如果我们不运用普遍词项，我们就无法充分地描述和说明动物的行为，即使这些普遍词项在个体事例中也许并不指称任何东西。无论蛴螬是否实际上在那里，我们都会说，那只黑熊正在那棵腐烂的圆木中**寻找蛴螬**。通常情况下（撇开否定、模态、祈使及其他一些语境不说），指称并不存在的东西往往会导致错误的陈述。譬如，如果那棵圆木不存在的话，那么，"坐在这棵圆木上"就不可能正确地描述那只熊。但是，"寻找蛴螬"却可以正确地描述它们，即使那些不幸的熊注定永远找不到蛴螬。这一点是理解皮尔士成熟的符号学理论的关节点，我们姑且称之为普遍词项的"非指称性用法"（nonreferential use）：它被用以描述某一肯定的、非模态性的事物，这一事物以某种方式蕴含一个也许并不存在的对象。因此，我们之前关于目的性行为的说明，旨在表明非指称性用法是如何可能有意义的：行为必须根据在自然选择中，以及在选择的基础上进化而来的类型得到描述，而不管那些类型是否在个体事例中得到例证。正是在这种意义上，我们认为皮尔士成熟的符号学理论依赖于某种进化机制。

从符号学的观点看,当我们力图说明一个符号意指什么的时候,这种非指称性用法同样必不可少。一个符号的对象或许并不那么明显,甚至就大多数种类的符号而言,其对象或许根本不存在。因此,要说明符号的意指关系就是要说明"具有对象"(having a object)的特殊含义,从这种意义上而言,对象必须被非指称性地说明。事实上,当我们说有目的的行为并非完全都是任意的时候,无非是说,这种行为以另外一种方式解释了符号。这么一来,有目的地行动就可以被认为就是要把某物解释为一个符号,如果这一符号盛行(obtain)①,就会使行为合乎其目的。因此,那只黑熊的行为就是把一种特殊的气味解释为关于蛴螬的一个符号。

当然,上述分析并不局限于原始事物。事实上,皮尔士的实用主义阐明了"合理性的认知(rational cognition)与合理性的目的(rational purpose)之间不可分割的联系"(CP5.412)。从这种意义上而言,其成熟的符号学理论将一般而言的意指关系(或过程)同一般而言的目的结合了起来。

但是需要指出的是,由于种种历史原因,"具有对象"这一特性往往被命名为"意向性"。当布伦塔诺(Franz Brentano)从中世纪经院派那里追溯这一概念时就曾指出②:意向性是心灵的根本特征;从而将心理的(主要是人类意识)同物理的(自然科学所研究的领域)区别开来。后来,齐硕姆(Roderick Chisholm)指出③,(符号的)意指关系是意向性的一种形式,并且存在超出

---

① 如果这种行为类型被选择性地保留下来,我们就可以认为这一行为方式(把某物解释为一个符号)是成功的。因此,这里所说的"盛行"含有"成功"的意思。

② F. Brentano, *Psychology from an Empirical Standpoint*, edited by L. McAllister, Humanities Press, 1973, pp. 88 – 89.

③ R. M. Chisholm, "Intentionality and the Theory of Signs", in *Philosophical Studies*, 1952(3), pp. 56 – 63.

所有人意识范围之外的符号；但是，他接受了布伦塔诺的观点，从而论证说，这些符号的意向性来源于有意识的思想的意向性，在有意识的思想中，这些符号才有可能得到解释。这种观点在某种程度上与皮尔士的很接近，因为它将意指关系等同于可解释性。然而，皮尔士废除了意向性对意识的依赖关系。其成熟的符号学理论，由于是目的论的，所以能够说明没有意识参与的符号过程的意向性；因而也就能够这样来解释思想的意向性：思想的意向性归因于思想是符号过程的一种特殊形式。

有意思的是，一些心灵哲学家在最近一些年提出了一种与皮尔士的上述理论相类似的理论——"目的论语义学"。① 但是，他们的理论一直受到猛烈的抨击。② 对他们理论的一种指责就是：一个动物的目的可以在不同的抽象层次上得到确认，因此，那个所谓的符号的对象是不明确的。例如，那只黑熊的目的是发现蛴螬，但更一般地说是找到蛋白质，再进一步说是生存。气味代表的对象是蛴螬还是蛋白质，抑或只是一种生存手段？面临这一困境，我们似乎只能求助于关于某一对象的有意识的思想，这样一来，对象方可得到明确的确认。但是情况并不尽然。根据我们关于皮尔士成熟的符号学理论的分析，我们可以在上文提到的相关性或表面的相关性中找到关于上述困境的解决途径。这种相关性可以为熊的行为进行辩护。回想我们先前关于指标符号的分析，我们可以得知：这种相关性就是符号与其对象之间先于符号解释过程的一种居先关系。因此，对象或假定的对象，与使其成为对象的那种关系或表面关系一样，都是相当明确的。这种关系具有某种进化的根基：气味只与寄生于木材中的那类蛴螬发生真实或

---

① 有关这方面的讨论可参见：R. G. Millikan, *Language, Thought, and Other Biological Categories*, MIT Press, 1984; 另见：D. Papineau, "Representation and Explanation", in *Philosophy of Science*, 1984 (51), pp. 550–572.

② J. Fodor, *A Theory of Content and Other Essays*, MIT Press, 1990.

表面的关联，而不是与鱼类或其他的蛋白质资源相关。因此，那只黑熊的行为恰如其分地把气味解释为关于蛴螬的符号。

经过以上分析，我们就可以更为一般地概括皮尔士成熟的符号学理论:①

（一）某物（感觉、行为、思想等）R，把另外某个事物X，解释成为关于O的一个符号S，当且仅当：（1）R是对X做出反应时形成的；（2）R是有目的导向的；（3）除非O盛行，否则R就不可能促成（contribute to）其目的；（4）R对X的具有目的导向性的反应，在X与O或者在X类型（或貌似X类型）的事物与O类型的事物之间的真实关联或表面关联中，获得某种根基。

（二）X是关于O的一个符号S，当且仅当：存在着某种根基，某种可能的生物（怀有要这么做的目的）据此能够确实无疑地把它解释成为关于O的一个符号，尽管这种解释是可错的（fallible）。

需要说明的是，在（一）中，"O"代表的就是那些用法为非指称性的表达式（expression）；"促成"（contribute）所涉及的事例范围很广：在一个极端，O的盛行使R本身成为其目的的实现；在相反的极端，如果O盛行，R只是微小地降低失败的概率，那么R就是一种绝望行为。在二者之间，O使得R满足成功的某一条件，但是这种成功仅限于某种程度上的成功，其概率或大或小；并且这个条件可能是必要而又充分的，或者只是二者之一，或者都不是。同时需要说明的是，尽管符号的意指关系同目

---

① 参见：T. L. Short, "The Development of Peirce's Theory of Signs", in *The Cambridge Companion to Peirce*, edited by C. Misak, Cambridge University Press, 2004, p. 234.

的相关，但是可能的目的就已足够。也就是说，目的不一定非得与每一种可能的符号都相关。例如，同一个事物 X，相对于不同的解释基础和不同的可能目的而言，可以是多个不同的符号，S，S',……狐狸的气味对兔子来说是危险的符号，但对美洲狮而言则是美餐的信号；一个原始的宗教工具，对于那些崇拜它的人而言是某种超人力量的象征，但对人类学家而言则是社会组织和文化发展的一个指标。

总而言之，皮尔士成熟的符号学理论，尤其是关于最终的逻辑解释项和动态对象的观念，大大拓展了客观性的范围：客观性并不仅仅局限于自然科学、事实陈述以及"知识层面的意义"（intellectual meaning）这些范围之内；根据其成熟的符号学理论，客观性可以延伸至情感的或动能的解释项以及那些可以被解释的符号。尽管在某些情况下，最终的逻辑解释项不可能成为一种正确的理论，但是它却可以是一种恰当的行为或者一种合理的评价。

第四章　符号学与实用主义

第一节　总论

实用主义是皮尔士渊博思想中最为人知的一方面，大多数学者都将实用主义作为一种"导引"来研究皮尔士哲学。但是由于种种原因，许多学者对皮尔士的了解也仅仅局限于对其实用主义的了解，而且这种了解又多半含有"歪曲"成分。20世纪80年代初，实用主义被看作"主观唯心主义的经验主义和反理性主义的混杂"，腐朽的帝国主义和垄断资产阶级的哲学。当时许多学者认为，实用主义哲学的影响是"流毒"，实用主义被用来"对抗马克思主义"。[①] 20世纪90年代以后，政治贬斥基本消失，但对于实用主义哲学的实质和核心的理解并没有显著的改变。多数中国学者对实用主义的基本特征的描述是："把确定信念作为出发点，把采取行动作为根本手段，把获得效果当作评价一切的标准。"[②] 总之，信念、行动和效果被看作实用主义的主要理论；同时又把实用主义看作某种世界观、真理观、行动理论等学说的一

[①] 刘放桐等编著：《现代西方哲学》，人民出版社1981年版，第6、265—266页。
[②] 刘放桐等编著：《现代西方哲学》修订版，人民出版社1990年版，第11页；另见刘放桐等编著《新编现代西方哲学》，人民出版社2000年版，第176页。

个共用标签。与之相反,"实用主义不是许多各不相干的学说的一个共用标签,而是有其内在的逻辑和主线,这条主线就是它的意义理论"①。

如果我们接受上述观点(即,实用主义主要是一种意义理论),那么我们必须以关于概念的意义分析为基础来理解皮尔士的实用主义。但是,根据皮尔士的观点,一个概念的意义或最终解释就是其最终的逻辑解释项。从这种意义而言,作为一种意义理论的实用主义又是更为普遍的符号理论的一部分。事实上,在说明其实用主义准则时,皮尔士首先就将实用主义定义为一种科学的逻辑定义方法,这种方法使得我们有可能获得关于我们所运用的概念的最高等级的清晰性理解,即他所说的"第三等级的清晰性"。根据皮尔士的观点,第一等级的清晰性(或关于概念的理解)是在日常经验中对某一概念的非反思性的把握,通常意味着我们在日常生活中熟悉它所指的一些对象,或者说对它的外延有所了解;第二等级的清晰性就是能够对这一概念提供一个定义,从而达到概念的清晰而非混乱。但在皮尔士看来,为了真正理解某一概念(或观念),我们必须抛弃传统的"清楚与清晰的观念"这一逻辑饰物,而达到一种更高等级的清晰性。

从某种意义而言,上述三种等级的清晰性与皮尔士的三种类型的解释项是一一对应的。但是,"一个的概念的意义或充分的最终解释,并非包含在任何一个行将被做出的单一事件或多个事件中,而是包含在行为习惯之中,或者说包含在对可能出现的行为方式的普遍的心理决断之中"(CP5.504)。也就是说,根据前两类解释项(与前两种等级的清晰性对应),我们无法充分地获得关于概念的清晰理解。相反,对于某一概念(或观念)的有生

---

① 朱志方:《什么是实用主义》,载 philosophy.whu.edu.cn/cscwp/view.asp?id=25&action=thesis-21k,2005年。

命力的、最充分的定义就是其最终的逻辑解释项（与第三等级的清晰性对应）：我们要知道如果此观念为真，会有什么样的实践效果产生；而普遍的效果型（Types of Effect）又构成特定的行为方式或习惯。正是基于这种考虑，我们更愿意将其实用主义称为"符号学的实用主义"。

如果我们把实用主义视为符号学的一部分，那么这种学说又是与其探究理论（theory of inquiry），即怀疑与信念之间互动的认识过程紧密相连。首先，根据皮尔士的实用主义准则，概念（或观念）的意义并非本体论上的抽象属性，而是一种关系结构，是一系列具有蕴涵关系的条件命题的结合。"一个观念，即一个词语或其他表达式的合理的意旨（rational purport）在于它与生活行动的可设想的关联；凡是不能由实验得到的东西，都与行动没有任何直接关联，如果我们能够准确规定一个概念的肯定或否定所蕴含的一切可设想的实验现象，那么我就因此有了对那个概念的完全的定义，其中绝对没有任何更多的东西。"（EP2.332）换言之，当我们断定某一观念为真时，我们暂令相应的命题为真，从而形成临时的信念。当这种临时信念以命题形式体现出来并且指引我们行动时，就构成了一种认识上的假说；而在皮尔士看来，所有推理又是对符号的某种解释。因此，这样一种探究理论从本质上而言就是一个符号解释的过程，或者说是无限的符号过程的一部分。

其次，皮尔士的实用主义"表达了它与某种确定的人类目的的关系。这个新理论的最突出的特征是它认识到合理的认识与合理的目的有着不可分割的联系"（EP2.333）。这样一来，观念的意义必须被归结于具有自控特征的习惯（最终的逻辑解释项）。这恰恰又印证了我们先前关于符号过程的目的论分析，从而在某种程度上强化了我们的论题——实用主义是更为普遍的符号理论的一部分。

本章的主要任务就是从符号学的观点来考察实用主义。

第二节 实用主义准则

一 "实用主义准则"的表述和理解

1878 年，皮尔士在 *Popular Science Monthly* 上发表了《如何使我们的观念清晰》一文。正是在这篇文章里，他提出了后来叫作"实用主义准则"的东西："考虑我们的观念的对象具有什么可设想的效果，我们关于这些效果的观念就是我们关于对象的观念的全部。"（EP1.132）但是，威廉·詹姆斯却是第一个在出版物里公开使用"实用主义"（pragmatism）一词的，准确说来，它出现在 1898 年一篇题为《哲学概念与实际后果》的文章里。① 在这篇文章里，詹姆斯把发明这个词和它所代表的原则归功于皮尔士。在詹姆斯把"实用主义"介绍应用到出版物上不久，这个词就流行起来；皮尔士因此也被普遍地认为是它的创立者。

但是，皮尔士对詹姆斯和同时代的实用主义者对实用主义的解释并不太满意。在致詹姆斯的一封信里（1904），皮尔士提醒詹姆斯说："在我看来，你和席勒（Schiller）把实用主义带得太远了。我不想夸大它，而只想把它维持在被它的证据所限制的范围之内。"（CP8.258）基于同样的考虑，皮尔士指控杜威犯了"智力上的放荡行为"（CP8.241）。为了突出皮尔士的观点与其他实用主义者的差异，我们来简要地考察另外三个传统实用主义者詹姆斯、杜威和席勒的观点。

---

① *The Writings of William James*, edited by John J. MacDermott, University of Chicago Press, 1977, pp. 345 – 362.

在詹姆斯看来，一个概念的意义并非像皮尔士所主张的那样存在于可设想的效果里，而在于对这个概念的应用能否产生不同的实际效果。在《哲学概念与实际后果》一文中，詹姆斯解释说："意义就是它所支配或激起的行为。"① 詹姆斯用有神论者和唯物主义者的争论阐明这一点。他论证说，尽管没有可设想的实际差异把二者区分开来（因为二者导致了同样一个宇宙），但是如果一个人相信其中的一个，那么他就会在个人信念上产生不同的实际结果。这样一来，詹姆斯就从信念本身所具有的可设想的效果，转移到了某人具有那个信念的实际结果。需要注意的是，根据皮尔士的本意，实用主义主要是一种意义理论；而且皮尔士并未直接把他的"实用主义准则"应用于"真理"这个概念上。而詹姆斯则直接运用皮尔士的意义理论来分析"真理"这个概念。詹姆斯说，他同理智主义者一样认为真理就是符合实在，但不赞成把符合当作摹写。说摹写，说照相是不够的。摹写说在经验的层次说是可以的，但是在理论的层次则是说不通的。那么，说真理是符合实在是什么意思呢？"在最广的意义上，'符合'一个实在只能意味着它引导我们直接到达那个实在或实在的环境……任何观念，只要有助于我们在实践上或观念上处理那个实在或它的成分，只要不致使我们的进步陷入困难，只要它在事实上使我们的生活适合和适应那个实在的整个处境，那就充分地满足了这个要求。它就是对于那个实在为真。"② "毫无疑问，要理解真理一词应用到一个陈述上时表示什么意思，不可避免地要说到功效（Workings）。毫无疑问，如果我们把功效丢在一边，认识关系的主体和对象就是飘浮的。"③ 在这个意义上，真理也是一种

---

① *The Writings of William James*, edited by John J. MacDermott, University of Chicago Press, 1977, p. 348.
② W. James, *Pragmatism*, Hackett Publishing Company, Inc, 1981, p. 102.
③ W. James, *The Meaning of Truth*, Harvard University Press, 1975, p. 118.

有效的工具，"理论就变成了工具，而不是让我们可以停下来休息的对疑难问题的解答。我们不是躺在上面睡大觉，而是要向前走，有时要凭借它们再次制造自然"①。

杜威对这种工具性做了更彻底的论述。在他看来，具体的东西高于抽象的，行动高于沉思。杜威论证说，我们不仅是观察者，而且也是有能力改变事物的积极参与者。因此，杜威事实上是沿着詹姆斯所改变的道路而前行的。

英国实用主义者 F. C. S. 席勒则简单地把真理等同于我们所认为的有价值的东西，在上述问题上又向前迈了一步。根据席勒的观点②，实用主义就是试图去追寻实际的真理制造过程，而非"无偏见"地发现真理。

因此，为了强调自己的立场与其他实用主义者的观点不同，皮尔士最终放弃了最初的 pragmatism 一词，而把自己的学说叫作 pragmaticism。对于 pragmaticism 的意义，皮尔士有过明确的说明："正如在化学中，给前缀和后缀赋予固定的意义是一个明智的办法。……一个学说的名称自然可以-ism 结尾，但-icism 表示更严格地采纳那个学说。"（EP2. 334）从这种意义上而言，我们似乎可以把它理解为"原实用主义"。但在皮尔士看来，这似乎也是无奈之举："这个词过于丑陋，不会受到拐骗。"（EP2. 334）需要强调的是，皮尔士改变术语并不意味着他改变了自己的观点；他的唯一目的是把自己和其他的实用主义者拉开距离。因此，皮尔士在 1903 年的哈佛"实用主义讲座"（CP5. 14 – 212）中更加规范地阐明了"1878 年文章"中所表明的准则（即"实用主义准则"）。在其中的第一讲"实用主义的准则"中，皮尔士说："有一个逻辑原则我叫作实用主义，这个名称出于多种理由和考

---

① W. James, *Pragmatism*, Hackett Publishing Company, Inc, 1981, p. 28.
② F. C. S. Schiller, *Studies in Humanism*, Greenwood Press, 1970, chap. 7.

虑。采用它作为我的多数思想的指南之后，我对它的了解随着年月的增长日益加深，我发现，我对它的重要性的感觉也越来越加深。如果它是真的，那么，毫无疑问，它是一个有着非凡效力的工具。它不仅适用于哲学，我发现它在我所研究的每一个科学分支里都具有了不起的作用。"（EP2.133）正如费希所言："实用主义的原则是一个逻辑原则，并且是在逻辑的第三个分支——方法论（methodeutic）中发展而来的。"① 根据皮尔士的观点，逻辑学就是符号学或关于符号的理论，仅仅是符号学的别名而已（CP2.227）。它分为三个部分：理论语法（Speculative Grammar），是符号具有有意义特征的一般条件的学说；批判逻辑学（Critical Logic），或狭义逻辑学，是符号指称其对象的一般条件的理论；理论修辞（Speculative Rhetoric），又叫方法论（methodeutic），它力求发现一个符号产生另一个符号，特别是一个思想产生另一个思想的法则，很明显，理论修辞研究的是符号与解释项之间的关联。如果作为一个逻辑原则的实用主义准则是在逻辑的第三个分支中发展而来，而逻辑学又是关于符号的理论，那么我们就可以合理推知：实用主义是其符号理论的一部分。这样一来，作为一种意义理论的实用主义又与符号的最终的逻辑解释项有关。

根据皮尔士的观点，方法论研究的是我们应当遵循的规则，如果我们想尽可能有效地进行我们的研究。因此，作为一个逻辑原则，实用主义为我们提供了一种规则，这一规则使得我们能够对我们在科学中所运用的概念，以及我们所研究的假说获得一种清晰的理解。换言之，为了获得关于这些概念的清晰理解，它规定了我们应当做什么。因此，实用主义是一种逻辑方法，而非一种形而上学的原理或教条。在1905年，皮尔士把实用主义描述

---

① M. Fisch, "The Proof of Pragmatism", in *Peirce, Semeiotic, and Pragmatism*, edited by K. L. Letner & W. Kloesel, Indiana University Press, 1986, pp. 362–375.

为:"一种弄清任何概念、教条、命题、词和其他符号的真实意义的方法。"(CP5.6)并且把这看成是实用主义的最大优势:"哲学里一直存在困难而又顽固的问题,是因为生命自身具有多种多样的方面……我唯一的和最终的劝告是,你要把你最后的赌注押上去的东西不是一个学说,而是一种方法。因为一个生命力很强的方法将修正自己以及学说。学说是水晶体,而方法是酶。"(CP5.125)假设我们思考这样一个假说:

1. X 是一个天主教牧师。

那么,根据实用主义准则,我们就可以从这个命题推导出下述条件式断言:

2. 如果我要检验 X 的衣服的颜色的话,我就有可能发现它们是黑色的。

事实上,皮尔士论证的核心就在于:尽管我们对命题 1 具有一般的理解,但是我们需要的是关于它的一种自觉的理解,这种理解必须使得我们关于这一假说的检验受制于逻辑上的自我控制。毫无疑问,命题 2 提高了我们关于命题 1 的自觉理解的清晰性。并且,这种理解能够促使我们对命题 1 进行归纳性检验。一般说来,我们可以用下述条件句来概括这种清晰性:

如果行动 A 被实施,那么,可观察的结果 O 就将(极有可能)被发现。

实用主义准则的要点就在于:在寻求关于这一假说的最高等级的清晰理解时,我们只需要检验能够从这一假说推导出的条件预测是什么。因此也就有了关于实用主义准则的下述概括:

1. 1878:考虑(观念)可设想的实际后果。我们设想我们的观念会产生什么样的实际影响,那么,我们关于这些影响的观念就是我们关于对象的全部观念。(CP5.402)

2.1903：为了确定一个理智观念（intellectual conception）的意义，我们应当考虑由这个观念的真所必然导出的可设想的实践后果是什么；这些后果的总和就将构成这个观念的全部意义。（CP5.9）

3.1906：某一理智谓词（intellectual predicate）的全部意义就在于：在某些特定的实存条件下，特定种类的事件将在经验过程中一而再地发生。（CP5.468）

将上述准则应用于概率（probability）概念就产生出关于判断的意义的理论。假设我断定：

a. 投掷一枚硬币时，硬币头部朝上的概率是1/2。

我的意思是说：

b. 如果我持续地投掷这枚硬币，那么，在投掷过程中，头部出现的极限概率将是1/2。

根据实用主义准则，b 构成了判断 a 的意义。这样一来，由实用主义准则引出的一条定理是"只有差别才能造成差别"，即只有抽象观念上的差别才能造成相关行动和后果的差别，相关行动和后果没有差别，表明理论观念上没有差别。既然如此，那么实用主义就可以被视为一种假说认同的标准。在这种意义上，两个语句表达同一个假说的充分条件是：当我们运用实用主义准则澄清这两个语句的意义时，我们会发现，它们做出了相同的条件预测。例如：

c. 所有的兔子都有两只耳朵；

d. 一只兔子的每一个不可分离的部分都是有两只耳朵的一种生物的一部分。

根据实用主义准则，c 和 d 在经验上并无差别。如果两个竞争假说经过尽可能多的相同的经验检验都能够"生存下来"，那么,这将是它们表征同一个理论的一个充分条件。也就是说,看似完全不同的、运用不同的本体论和不同种类的说明原则的理论事实上(在经验上)是等值的。如果这样来理解实用主义,那么,这一准则的应用就使得许多哲学的或其他领域的争论成为毫无意义的。在这一方面,实用主义与分析哲学具有相通之处。正如皮尔士本人所说:"……一个观念,即一个词语或其他表达式的合理的意旨(rational purport)在于它与生活行动的可设想的关联;凡是不能由实验得到的东西,都与行动没有任何直接关联,如果我们能够准确规定一个概念的肯定或否定所蕴含的一切可设想的实验现象,那么我就因此有了对那个概念的完全的定义,其中绝对没有任何更多的东西。"(EP2. 332 – 333)从这种意义上而言,我们可以说,实用主义的本义是语用主义。

二 准则"证明"

(一) 1877—1878 年论证

1877—1878 年,皮尔士在 *Popular Science Monthly* 上发表了六篇系列文章,并计划编写成一本名为"科学逻辑的说明"(*Illustrations of the Logic of Science*)的书。这一系列文章集中体现了皮尔士所关注的核心问题:他在关于实验科学观念的基础上,提出一种探究理论;从而将实验方法的逻辑融入哲学当中,进而为其实用主义准则辩护。因此,这一论证建立在信念理论的基础之上,具体说来,就是其探究理论。

在这一时期的系列文章中,皮尔士将逻辑主要视为一种方法论,并且这种方法论在他看来是自然科学的本质所在。皮尔士认为,在自然科学当中,推理是从已知推导出未知。具体言之,皮尔士旨在表明这种经验性逻辑同心灵运作方式之间的关联,因为正是通过推理,研究或者一般而言的思想才能实现其目标。因此在皮尔士看来，科学的逻辑要从成功的科学实践中汲取教训，成功的科学实践所经历的"每一关键阶段"都是"逻辑中的一次教训"（CP5.363）。由于受到进化生物学的影响，皮尔士将认知过程（knowing）等同于一种相信过程（believing）；其对立面就是怀疑过程（doubting）；信念（belief）是基本的；其本质就是行为习惯的确立，根据特定的行为习惯，某一信念同另一信念区分开来；科学方法是重新确立信念的一种必然出现的方式；并且唯有科学方法包含了实在的观念，这种意义上的实在才是每一个人将赞同的最终结论（CP5.384）。

"我们有权要求逻辑教导给我们的首要教训就是如何使我们的观念清晰。"（CP5.393）但是，科学的逻辑是一种发现的逻辑；并且，由于我们"无法通过定义分析的方式获得任何新知识"，所以笛卡尔式的"清楚与清晰"（即心灵所具有的自明的知识）观念对科学来说是不够的。在皮尔士看来，探索式的科学需要一种更高等级的明晰性（perspicuity）（CP5.392），对于每一个观念来说，获得更高等级的明晰性的规则就是具体说明与这些观念相适应的"可感觉的效果"和"行为习惯"。

第三等级的清晰性是科学方法同固执的方法、权威的方法和先验方法区分开来的关键所在。对于后三种方法而言，前两种等级的清晰性已经足够；并且倘若科学只关乎直观和演绎，那么前两种等级的清晰性对科学来说也已足够。但是，在皮尔士看来，科学的逻辑关乎的是假说推理和归纳，而这正是"科学方法的显著优点"，它促使我们的意见与事实符合（CP5.387）；其根本假设就是关于实在的假设（CP5.384）。

概括说来，上述观点就是皮尔士1877—1878年系列文章所论证的核心所在。这些观点集中体现在其早期的探究理论中，而在皮尔士看来，它在一定程度上构成了实用主义的某种"证明"。

现在，就让我们简要地来考察其研究理论。

简言之，探究就是怀疑和信念两种心理状态之间的互动过程，我们又称之为"怀疑-信念"理论（doubt-belief theory）。在这一过程中，没有任何基础能够保证我们的信念绝对可靠。我们只能说，在没有怀疑出现时，我们暂时接受它，但要随时准备抛弃现有的信念。因此，皮尔士认为笛卡尔式的普遍怀疑不过是一种"自欺欺人"，不是真正的怀疑。

根据皮尔士的观点，知识绝不是由命题构成的静态体系，而是动态的探究过程（process of inquiry）；并且把这一过程比作通向真理的长征，而真理是一个无穷遥远的目标。在这一途中，我们行走在沼泽上。我们唯一能够确定的是，在这茫茫无际的沼泽上，总有一些地方能暂时承得起我们，这是我们唯一能取得的确实性。正是由于基础脆弱，我们不得不向前走，不断地接近目的地。皮尔士说：

> 科学并不是建立在事实的岩基之上，它行走在沼泽上。我们只能说，这块土地现在还结实，我们要暂停于此直到它开始动摇。（CP5.564）

而只有怀疑和不确定性才能促进我们寻求新的知识。在《信念的确立》（1877年发表于《通俗科学月刊》）一文中，皮尔士阐释了这种理论。

1. 怀疑（doubt）和信念（belief）

怀疑和信念是两个心理学范畴，是思想的两种不同状态，其区分主要表现在三个方面（EP1.114）：

I. 在怀疑和信念之间，存在实际的差别，信念总是指导我们的意愿并决定着行动；

Ⅱ. 有信念的感觉在一定程度上表明：在我们的本性当中，有某种已经确立了的习惯决定着我们的行动。而怀疑决不会产生这种影响；

Ⅲ. 怀疑是一种令人不安和令人不满意的状态，我们努力摆脱这种状态并进入到信念状态。信念状态是一种我们不想回避的平静而又令人满意的状态。我们固守这种状态，……相信我们的确相信的东西。

实际上，所谓信念，就是我们认作真理（实际上不必是真理）的知识。

探究过程就是为消除怀疑、获得信念而斗争；始于怀疑，结束于怀疑的消除。"探究的唯一目标就是信念的确立。"（EP1. 114）当信念确立后，我们往往以命题的形式将它表达出来。在没有任何实际的怀疑来影响这种给定命题时，我们就把它们当作一种假说性的前提来应用。

需要说明的是，皮尔士早期对怀疑和信念的说明主要是基于心理学意义上而言的。因此在他看来，信念是一个主观的行为过程。也就是说，信念是某种行为倾向，并且伴随着对这种行为所产生的结果的预期。所以，信念可以被看作习惯。"它们（信念）是可重复的行为方式，非常像规则。"（CP5. 375）皮尔士认为，探究的唯一目标就是确立信念，亦即，在研究过程中代替了具体怀疑的那种信念。

问题在于：在探究过程中代替了怀疑的那种信念是否仅仅等同于正确的观念？换言之，是否只有正确的观念才能代替怀疑？皮尔士对此做了否定的回答：

……我们追求的并不仅仅是观念，而是正确的观念。但是，当我们把这种想当然的观念放到实践中去检验时，就会发现它毫无根基。一旦获得一种稳定的信念，一种我们认定为真的信念，我们就会完全满意。(CP5.375)

　　皮尔士对"怀疑"这个概念的说明同样是基于心理学意义上的。在这种意义上，怀疑意味着一种不安的、不确定的主观情绪，这种不安的情绪当我们的行为受阻时就会产生。皮尔士认为，当习惯或信念发生动摇时，怀疑便会产生；这种怀疑是研究的初始条件（initiating situation）。作为研究过程的初始条件，怀疑总是指引我们去获得新的知识，从而促使我们要么形成新的信念，要么重建信念。但是，它总是受制于我们的行为方式，因此是具体的、有条件的。皮尔士认为只有这种怀疑才是真正的怀疑。对此，皮尔士说：

　　一些哲学家曾设想，只要提出一个问题（无论是口头的，还是书面的），便可开始研究。而且，建议我们从怀疑一切来开始我们的研究！……必须有一个真实的怀疑，否则，一切都是无稽之谈。(CP5.376)

　　皮尔士关于"怀疑"的说明有两点必须引起我们的重视：第一，这种怀疑并不要求我们怀疑一切，相反，它只是要求我们在某些具体的环境下随时准备抛弃我们现有的任何信念。也就是说，当经验在某类具体的环境中同现有信念发生冲突时，我们要准备抛弃它们（信念）。第二，抛弃现有信念并不是意味着要彻底怀疑它们，而是采取措施来取代它们，建立新的信念。

2. 对研究理论的心理学说明

　　事实上，根据先前的分析，皮尔士早期的探究理论可以被视为反驳笛卡尔基础主义认识论的一种心理学上的基础。在《信念的确立》一文中,皮尔士首先分析了经验科学中的逻辑推理,认为推理总是从已知导向未知。因此,推理的好坏取决于能否从正确的前提推出正确的结论。很明显,皮尔士在此想要表明这种经验逻辑和心灵运作方式之间的联系,并且认为通过好的推理,思想或者研究能够达到预期的目标。因此,决定我们从特定的前提推导出特定结论的不是别的,而是某种思想习惯。"习惯的好坏就决定了能否从正确的前提推导出正确的结论;推理的有效性,不取决于具体结论的正确与否,而取决于决定这一推理的习惯。"(EP1.112)在此基础上,皮尔士对探究理论提供了一种心理学的说明。

2.1 探究的指导原则(guiding principle)

在皮尔士看来,有效的推理以遵循一种好的思想习惯为基础。而当一种决定推理的思想习惯以命题形式表达出来的时候,我们就称之为"指导原则"。

> 特定的思想习惯决定着推理的有效性,这种思想习惯可以以命题的形式表达出来,命题的真值取决于这种习惯所决定的推理的有效性;而这种命题形式就被称作推理的指导原则。(EP1.112)

这种原则是必需的,因为当我们经受怀疑时,我们总是习惯于或倾向于从怀疑过渡到信念。因此,我们需要一种指导原则来指引我们。并且这种指导原则植根于我们的天性之中。例如,当我们把一个铜制的旋转磁盘放在磁铁两极之间时,我们会发现它会迅速停止转动,于是,我们就马上推出:每种别的铜制磁盘在同样条件下也将如此。当然,我们可以把这种原则看作归纳推理的一个例证——过去重复的未来还会出现。但是，对于皮尔士而言，这种基本的指导原则的重要性在于：当我们追问为什么某种特定的结论总是遵循特定的前提时，原因就在于，作为两种不同的思想状态，怀疑和信念之间存在互动的可能性，而这种互动受制于某种规则。皮尔士有时把这种原则又称为"怀疑-信念原则"（doubt-belief principle）。

2.2 培因（A. Bain）的理论对皮尔士的影响[①]

皮尔士对探究理论的心理学说明也表现在他所采取的达尔文主义的立场，而这种立场则受到了英国心理学家培因的影响。

在《信念的确立》一文中，皮尔士一开始就采取了一种达尔文主义的立场：人是动物界的一员；人的行为是一种生理操作，指向有机体对环境的最佳适应关系。科学是人的一种活动，因此也是一种适应形式。当然，作为一种特殊的适应形式，科学有其特殊的内容。皮尔士认为，探究就是为结束怀疑、获得信念而斗争。在早期皮尔士思想中，怀疑和信念是作为两个心理学范畴来使用的。因此，我们也可以用大脑和中枢神经系统的生理状态来定义它们。信念是我们的行为受到稳定的习惯支配时所处的状态，是"我们在一定场合将采取一定行动方式的状态"（CP5.374）。怀疑是一种不安定状态：习惯被破坏，实践活动受阻。但这种状态又刺激我们采取行动以消除不安，由于信念是人们准备据此而行动的东西，并且与环境发生相互作用，所以信念服从自然选择。

皮尔士的这种达尔文主义的立场受到心理学家培因的影响。培因曾把信念定义为"（我们）准备行动的一种态度或倾向"[②]，并力图把信念与行动结合起来。

[①] 参见：M. Fisch, "Alexander Bain and the Genealogy of Pragmatism", in *Journal of the History of Ideas*, 1954 (15), pp. 413–444.

[②] 参见：I. Schettler, *Four Pragmatists: A Critical Introduction to Peirce, James, Mead and Dewey*, Humanities Press, 1974, p. 58.

> 逃离怀疑而获得信念是人类的天性；事实上，信念是我们的自然选择，……但是，经验往往会令我们感到失望，因此便产生怀疑。这种过程必将持续下去，直到一种新的信念形成为止，这种新信念确实能够产生我们想要的预期结果。①

培因的理论为皮尔士反驳笛卡尔式的怀疑提供了心理学上的基础。因为在培因看来，人类从本性上说就是相信者（believers）。只有当干扰并破坏我们信念的事件出现时，怀疑才会产生，而不是假装去怀疑一切。所以，培因的理论对皮尔士思想的发展具有重要的意义。

首先，利用培因的理论，皮尔士将探究理论同他关于推理的进化论结构结合起来。

其次，探究理论的生物学视角强化了皮尔士早期的一些理论，而这些理论又同他后来的假说推理逻辑紧密相关，从而使其整个认识论形成一个有机统一体。(1) 培因的理论转变了皮尔士关于"问题"本质的观念。当我们已经确立的行为习惯不足以获得预期目的时，一种问题情境就会出现。这种"问题情境"对我们的影响就是怀疑的产生。正是在这种意义上说，笛卡尔式的怀疑是毫无根据的。因为根本不存在产生怀疑的问题情境。(2) 培因的理论同时也为皮尔士提供了一种新的解答（answer）方式。从本质上讲，一种解答方式就是能够促使我们获得预期目的的规则。因此，我们的目标就是发现一种能够总是引导我们达到预期目的的规则；在对一种实在对象的研究中，我们的目标就是如何获得能使我们获得预期目的的关于对象的知识。而这正是皮尔士实用主义准则的体现：关于对象的观念仅仅意味着这种观念所包

---

① 转引自：I. Schettler, *Four Pragmatists: A Critical Introduction to Peirce, James, Mead and Dewey*, Humanities Press, p. 58.

含的习惯和行动方式。一种稳定信念的获得——最终将持久的信念——便成了我们探究的目标。

总之，信念是一种行为倾向，并且对某一信念的认同取决于它何时及如何引起我们行动（CP5.401）。由于探究的唯一目标是获得确定的信念，所以其目标就是获得固定的行为习惯。当信念以命题形式体现出来时，就作为临时的假说而起作用；而为了澄清我们对某一命题的理解，我们不得不去发现我们应该获得的行为倾向是什么，如果我们准备相信这一命题的话。因此，我们不得不决定接受那一命题何时及如何会引起我们的行动。信念决定行动，因为信念能够作为条件预期得到表达。事实上，在皮尔士看来，信念、条件命题、习惯、规则等概念有着内在的统一性。在这一方面，其早期关于"怀疑－信念"式的探究理论在某种程度上构成了实用主义的一种"证明"。

（二）1903 年论证

在许多学者看来，皮尔士于 1877 年和 1878 年分别发表的两篇文章《信念的确立》和《如何使我们的观念清晰》，可能是皮尔士所有文章中最著名也是最重要的两篇；有些学者甚至认为它们体现了皮尔士的全部哲学思想。因此，为了更简要地考察皮尔士的论证，有三点应引起我们格外重视，因为它们构成了皮尔士实用主义的基础。

首先，怀疑和信念在探究中的作用。在皮尔士看来，探究的目的就是用信念代替怀疑，并通过这种方式平息怀疑。探究的过程就是努力克服怀疑的斗争过程。因此，真实的怀疑构成探究的初始条件。但是，怀疑也可以通过科学之外的方法得到平息。第一种方法就是固执的方法（the method of tenacity）：顽固地相信已经相信的一切，不论环境如何，都拒不对已有信念做出改变；第二种方法是权威方法（method of authority）：国家立法规定一切信念，进行系统的灌输，使民众对任何会引起怀疑的事情茫然无知，并惩罚那些散布不同观点的人；第三种方法即先验方法（a priori method），诉诸未经检验的直觉或自明性来平息怀疑、确立信念。皮尔士认为，这三种方法有一个共同缺陷：它们导致的信念不是由事实本身决定的，而是由生命短暂的个人、由集体的偏见决定的。

其次，如果探究无限地进行下去，那么一个最终的共同体（final community）就会得以实现。皮尔士深信，一种基本的社会冲力（social impulse）将不可避免地克服在前三种方法的基础上得以维持的任何信念。因为其中的每一个方法都是排他性的，或者依赖于有限数量的研究者；并且每一种方法都认定自身是不可错的。相反，科学方法导向的是一个开放的最终共同体的一致，而非有限研究者在某一确定时刻的相互认同。

最后，科学方法预设了某种独立于研究的东西，即最终（in the long run）将实现每一个研究者的目的的某种客观条件。这种条件就是实在。实在就是"最终共同体"最终达成的意见。在《信念的确立》一文中，关于独立性实在，即皮尔士所说的外部持久性（external permanency）（CP5.384）的预设被认为是科学方法的"根本假设"（CP5.384）。

上述三点构成了皮尔士实用主义的基础。但是，如果探究的唯一目标是消除怀疑、获得信念；而信念又是我们认定为真的观念，那么，我们就不可避免地陷入这样一个问题之中：如何解决探究目标的主观性问题？也就是说，既然信念是我们准备依之而行动的东西，是我们的行为方式和习惯，那么，这种带有主观性的信念是否具有普遍的约束力和效力？另外，这一论证事实上已经预设了信念是一种行为倾向。而我们又根据这种行为倾向去理解观念的意义，这样我们就不可避免地陷入一种逻辑循环之中。

皮尔士后期认识到这一论证所面临的问题，于是在 1903 年又提出了一种新的论证，这一论证建立在他关于推理的分类的基础之上。事实上，皮尔士旨在为其早期的探究理论提供一种坚实的逻辑根基，从而避免早期的心理学倾向。他关于推理的分类恰恰体现了其探究逻辑的三个阶段。根据皮尔士的科学研究逻辑，科学研究过程包括三个阶段。第一个是假说形成的阶段：通过"假说推理"（hypothesis）或"回溯"（retroduction）设法推测出一种正确的或合理的假说。第二个阶段是归纳，也就是对从假说得来的预测的实验检验。一旦预测被证实，这一假说就被认定为一个试用性假说。在第三个阶段，几种竞争假说的可信度由理论选择规则的应用所决定。但皮尔士并没有提供这些规则。相反，他认为科学的使命乃在于容纳大量有待检验的"不可靠的甚至是错误的猜测，相信它们可能完全是非理性的"（CP1. 120；1. 635）。

在 1903 年的哈佛讲演中，皮尔士明确地把实用主义等同于关于假说推理（abduction）的逻辑。他说："如果你仔细考察实用主义的问题，你就会发现它只不过是有关假说推理的问题。"（CP5. 196）在皮尔士看来，确立信念的过程实际上就是科学观察和推理的问题。假说、演绎和归纳先后构成了科学研究过程的三个不同阶段，它们的共同作用使得科学研究活动实现了自我修正。

如果实用主义的问题就是假说推理的问题，那么，什么是有效的假说推理？一个说明性假说要成为一个假说应当具备什么条件？毫无疑问，它必须能够解释事实。除此之外，它还要满足什么条件？皮尔士认为它必须能够"实现其目的"（CP5. 197）。那么，一个说明性假说的目的又是什么？根据皮尔士的观点，其目的就是排除所有的惊异，并且确立一种肯定预测的习惯（CP5. 197）。这种肯定预测不会令人感到失望。只要一个假说能够得到实验证实，那么它就是可接受的。这样一来，实用主义准则作为一种研究原则，就为假说可接受性（admissibility）的判定提供了一种准则。

现在，就让我们简要地考察皮尔士所说的假说推理的含义及特点，从而表明它是如何支撑其实用主义的。

假说推理就是构造一个说明性假说的过程（CP5.171）。在皮尔士看来，它是唯一能够产生新观念的逻辑推理形式。因为，"演绎只是证明某物必然是有效的，归纳表明某物实际上是有效的；而假说推理则暗示着某物可能是有效的"（CP5.171）。对假说推理的唯一辩护就在于，从其暗示出发，通过假说推理能够得出某种预测，这种预测可以被归纳所检验；并且，如果我们要了解任何事物或从根本上理解现象，那么我们必须要运用假说推理。

我们来看一个例子。设想，我进入一个房间，并发现许多袋子，这些袋子装有不同颜色的豆子。房间里的桌子上有一把白色的豆子；通过寻找，我们发现只有一个袋子装有白色的豆子。于是，我迅速做出一个可能性推断（或猜测），这把豆子是从这个袋子中取出的。这种判断就叫作假言判断。

接下来，我们从这个例子入手来分析假说推理的特点。首先，当我进入一个房间并发现许多装有不同颜色豆子的袋子，以及桌子上有一把白色豆子的时候，我就进入一个"问题情境"之中；其次，这种情境促使我去寻找并发现这把白色的豆子取自哪个袋子；再次，通过寻找，我惊异地发现只有一个袋子装有白色的豆子；最后，我做出一种可能性的推论——这把豆子是从这个袋子中取出的。在这个例子中，有几个条件必须引起我们的重视：①当我进入房间时，我事先并不知道哪个袋子装有白色的豆子（或许哪个里面都没有）；②桌子上这把白色豆子从哪里来的，我事先也并不知道；③由前面两点我们得知，这个袋子中所装的"白色豆子"，与桌子上"这把白色豆子"之间存在某种"相似性"，并且我们关于这种"相似性"的发现是随意的；④在没有新的"问题情境"出现时，我暂时接受我的推论。

从这个例子出发，皮尔士概括了"假说推理"的条件及特点（EP1.193）：

1. 在对假说的真值进行检验之前，我们应当把这一假说作为一个问题而提出。换句话讲，我们必须试图了解从这一假说中所可能推出的预测结果。

2. 关于相似性的发现是随意的。我们不能从一个已经包含某类特殊预测结果的假说中，推出这种预测结果。

3. 预测结果的成功和失败应受到同样的重视。整个过程应该是公平的和无偏见的。

后来，皮尔士用三段论的形式说明了"假说推理"的含义（EP1.140），即对于三段论的第一格：

$$M—P$$
$$S—M$$
$$\overline{}$$
$$S—P$$

通过将其小前提和结论进行交换便可得到：

$$M—P$$
$$S—P$$
$$\overline{}$$
$$S—M$$

皮尔士对此解释如下：

M 的任意性质偶然地具有特征 π；

S 具有特征 π，

所以，我们假设 S 是 M 的一种性质。

事实上，皮尔士的假说推理逻辑是与其认识论（研究理论）相结合的。认识是一个动态的过程，是怀疑和信念两种心理状态之间相互转化的互动过程。面对环境引起的问题，我们通过研究提出理论假说。如果在实践中出现新的怀疑状态，就意味着假说被反驳。我们需要进入一种新的信念状态，寻找新的假说。如果这种新的假说导致成功，即通过了检验，我们的信念便得到了暂时的确定。在没有新的怀疑或问题出现之前，我们接受这种假说，并作为我们行动的准则。所以，怀疑并不是任意产生的，它是一种真实的怀疑。皮尔士认为，真实的怀疑必然要打破以往的信念或习惯。所以，对于假说而言，我们只是尝试性地接受并认可它，因为，它可能会受到未来的反驳，我们要随时准备放弃现有的假说。经过这样反复不断的科学研究，我们在科学家共同体中必将不断地逼近真理。而这种以假说推理为起点的推理过程所反映的，正是实用主义方法的实质。

第三节　符号学的实用主义

一　符号过程与实用主义的"证明"

皮尔士的实用主义和其符号学之间有着一种明显的联系。如果我们把实用主义理解为一种意义理论，即关于意义的语用学理论，那么实用主义准则就是一种意义标准；而意义的基本载体（vehicle）就是符号。而且，有意义的概念与它们所具有的多种意义（meanings）有关。这样一来，如果一个概念具有意义，那么它必然是具有对象的一个符号。从某种程度上而言，这一对象包含了这个符号所涉及的后果。在其关于符号过程的分析中，皮尔士阐明了一个概念或符号同其意义之间的关系。我们还是以他关于符号的核心描述为例来说明这一点。

> 符号或表达型，是对某人而言在某一方面或能力上，代表某物的某种东西。它是对某人而言的，也就是说，它在那个人的心灵中引起一个等效的符号，或许是一个更发达的符号。它所引起的那个符号我称之为第一个符号的解释项。符号代表了某物，即其对象。它并非在所有方面都代表那一对象，而是要借助于一种观念，我一度称之为这一表达型的基质。这里所说的"观念"（idea）可以从柏拉图式的意义上来理解。（CP2.228）

这样看来，意义就是符号、解释项和对象之间的一种关系。需要强调的是，符号并非直接的二元关系，在其中，被称为符号的某物代表某个对象。相反，一个符号要有意义，它就必须在一种三元关系中起作用，在其中，符号与对象一起与解释项发生交互作用。这就意味着，符号是在一个不断进行的解释过程中起作用的；然而，它们符号学上的意义绝不可能被有限的解释语境所穷尽。每一个符号都被卷入一个解释网络之中。但是，解释本身又具有某种牢固的根基，从而避免解释的任意性和武断性。原因就在于，符号是在某一方面代表其对象的，这个方面就是符号的基质。就皮尔士关于实用主义的说明而言，这个方面或基质就是一种普遍，它构成符号意义的先决条件。因此，意义植根于某种实在或真实的条件之中，这种实在部分地独立于任何具体的符号或具体的解释而起作用。以这种方式起作用的实在（The Real）就是对象可理解的一面，并且它通过解释项的中介作用将符号与对象联系起来；也就是说，它是符号的直接对象，或者是呈现给解释者的对象。但是，既然它部分地独立于解释，那么符号关系的根基必然具有客观的一面。在皮尔士看来，这种客观方面是对象作为动态对象而起作用的基础。对象的这一方面（动态对象）往往起到外部限制的作用，换言之，只有当解释过程遭遇某种外部抵抗时，它才能起到对象的作用。

事实上，皮尔士的实用主义本质上刻画了一种符号过程。普遍概念或词语的意义就是倾向、习惯或规律，这些倾向、习惯或规律可以用语言表达式得到系统的表达。其意义必须借助于它们所表征的后果类型而得到解释。"硬性"（hardness）概念表征了一种经验模式，即对诸如刮划、高度抗压性等测试结果的一种经验模式。这样看来，作为表征，普遍词语就是符号：相对澄清意义的目的而言，它们是代表特定规则的符号。而且，如果意义由不断扩展的相互联系的后果所构成，那么实用主义准则就与一个动态的指称系统有关，这样一个指称系统就是一个关于后果及其解释的不断增长的网络，在其中，所有解释都与先前解释相关并且指向进一步的解释。因此，实用主义准则必然蕴涵一个符号系统。

在1906年的一篇文章中，皮尔士明确地说："对实用主义的一个重要论证就是认为每一个思想都是符号。"（CP5.470）根据皮尔士的观点，思维过程（thinking）就是符号的展开过程，换言之，是关于符号解释的过程；而符号过程本身又是根据实用主义准则对意义进行阐明的过程。需要注意的是，皮尔士认为实用主义只关乎"理智"意义（intellectual meaning）（CP5.467, 482），即普遍词项（general terms）的意义。从这种意义上而言，当皮尔士声称每一个思想都是符号的时候，其主张并非某种形式的唯名论。根据先前的分析，在一个动态的符号指称系统中，思想作为符号可以延伸至思想的真实所指，但这些所指并非其自身不可知的个体存在事物。相反，皮尔士所说的"真实之物"（Reals）是普遍而非个体。因此，一个思想就是一个普遍概念。而且，存在着可重复的效果类型，这些类型既可以是思想的对象，而其本身又是思想。也正是在这种意义上，皮尔士指出，一切思想、知识都处于符号之中，都是一种根据推理进行的以符号为中介的过程。在任何符号的意义发生过程中，存在一个无穷的解释关系系列，在每一次新的解释中，原有解释项成为新的符号并需要进行进一步的解释。所以，原有符号不断被转换成新的符号；而符号所指称的对象，正是由解释项连续体中符号的不断发展而逐渐显现出来。显然，皮尔士的实用主义准则揭示的就是这样一种无穷的连续符号过程：为了克服语言或概念上的混乱而把某种符号逐步转变成更明晰的符号。

二 论证深化：假说推理的符号学说明

尽管皮尔士早期的探究理论和"思想－符号"理论在某种程度上构成了实用主义的"证明"，但是这些理论都面临着一种无法回避的困境：由于其早期理论带有明显的心理学倾向，所以如何解决意义的主观性问题就成了其后期论证的关键所在。另外，与其早期的"思想－符号"理论所面临的问题相对应，如果解释项本身就是"思想－符号"并且需要得到实际的解释，那么实用主义毫无疑问就是一种狭隘的实践学说，即我们可以把抽象概念或普遍词语的意义还原为一种主观的实践行为。这也正是我们大多数人所理解的"实用主义"，但这绝非皮尔士本人的一贯主张。为了解决上述困境，皮尔士最终为其早期理论提供了一种逻辑根基，即把实用主义等同于假说推理的逻辑。当然，皮尔士对这一问题的最终解决直到 1907 年才真正完成：通过最终的逻辑解释项把实用主义同符号学结合起来，并且将符号的意指关系世界同事实世界联系起来。现在，我们就沿着这一思路来考察其后期论证。

事实上，当皮尔士1903年以关于推理分类的基础为实用主义进行论证时，他旨在为科学主张的合理证明和科学进步提供一种新的辩护模式，这种辩护模式不同于古典理性主义的辩护模式，他并不认为个人意识是辩护或确定性的来源。相反，皮尔士开创了关于辩护或确定性的符号学模式，而这种新的辩护模式就植根于他关于研究逻辑的符号学说明中。为了实现这一目标，皮尔士制定了一种详细的关于研究的逻辑。在他看来，思想是一种行为，服从规范的评价。从本质上讲，这种行为被一种作为理想目标的真理观念所支配。根据其是否符合那些引导我们通向那一目标（真理）的标准，思想得到评价。

毫无疑问，科学主张的合理性将由研究的逻辑和经验证实所证明。但是，观察并不能从逻辑上促使我们接受或拒绝某一假说。因此，在皮尔士看来，科学推理包含某种先于纯粹的经验和逻辑的东西。根据皮尔士的科学研究的逻辑，科学研究过程分为假说、演绎和归纳三个阶段。在其中，假说推理被置于首位。

但是，皮尔士后来意识到，假说推理的逻辑形式事实上并未让他走太远；并且只有当某种特定的事实条件得到满足时，假说推理才能够支持归纳。因此，正如皮尔士后期所断言的那样：只有当某种猜测真理的自然倾向事实上存在时，归纳的自纠正（self-corrective）才是可能的（CP1.811；1.121）。皮尔士将这种自然倾向称为"洞察力"（Insight）。在他看来，人具有某种洞察力（CP5.173），即对第三性的洞察；而第三性在自然中起作用，并且是约束我们思维的有效的普遍原则。同时，人的这种能力具有本能的一般本质，与动物的本能相似。这种本能胜过我们的理智所具有的一般力量，并且指引我们做出正确的猜测（CP5.173）。这样一来，成功的归纳就依赖于某种做出正确猜测的自然倾向的假定。科学研究的规则因此也就植根于生物学的乐观主义之中，并且最终将在人类灵魂和自然灵魂的"类同"（CP5.47）中找到根基。而这种"类同"就是人类的符号行为和宇宙的符号进程之间的自然的连续性。

在皮尔士看来，认识是一个固有的符号过程：它并非主体静态面对客体的结果，而传统认识论者则认为通过这种静态面对我们就能获得认识。用他自己的话来说：

> ……无论在什么时候思考，我们都已将一些感觉、印象、概念或其他的表象呈现给意识，这些感觉、印象、概念和表象都作为符号而起作用。但从我们自身的存在可以推出：所有呈现在我们面前的东西都是我们自身的一种现象显示。这并未阻止它作为某种不依赖于我们的事物的现象而存在，正如彩虹同时既是太阳也是雨的显示一样。那么，当我们思考时，我们自身在那一刻是作为符号而出现的。（CP5.283）

因此，他对"人是什么"这一问题的回答就是，人是一个符号（CP7.853）。也就是说，人的存在方式是符号行为的一个活生生的过程。根据皮尔士的观点，意识的每一状态都是符号，而符号并非由其对象直接决定。每一符号都通过其他符号而指称对象。每一特定符号都具有一种同时性的二重功能：其一相关于其对象；其二相关于其解释项。

我们已经指出，皮尔士承认一个无限符号系列的存在，这一系列的每一成员都根据先前的符号同其对象相关。呈现给我们的实在都是间接的，因为并不存在"有特权地位的"第一认知，不存在不被先前某种符号表征或不以之为中介的关于对象的"直觉"。意识的内容，思想的整个的现象显示都是来源于推理的符号。思想就是根据推理法则而展开的符号。在这样一种背景下来理解皮尔士的符号理论，我们至少可以得出如下结论：

（1）只要存在实在事物，思想就在其中起作用。自笛卡尔和康德以来，西方哲学传统已经接受了自然和心灵的彻底二分。按照笛卡尔－康德模式，知识是对现实的真实描述，心灵可以正确无误地反映经验世界，哲学的基本任务是探讨心灵结构以及知识的可能性条件，解答主观如何与客观相适应等认识论问题。但在皮尔士看来，"实在"并不是在思想中被"看到"的东西，而是其本身就携带着思想的成分。当然，这中间需要一个过渡。因为作为思考内容的对象是作为**符号**而起作用的。因此，

（2）当我们思考时，对象被内化为符号。独立于心灵的外部事物其本身作为符号呈现在心灵中。作为符号的外部事物和作为符号的思想本质上存在着一种对称关系。我们无需为知识寻找一个外在的客观基础。

（3）既然思想本身就是根据推理法则而展开的符号系列，那么由（1）和（2）可知，

（4）外部事物也是一个连续的符号系列，自然法则在本质上类似于思想的法则。它们都是根据推理法则而展开的符号。所以，

（5）宇宙论和认识论好似一枚硬币的两面，而构成这枚硬币的金属元素便是皮尔士的符号学。因为思想和自然事件共有符号的三维结构，从而构成一个连续的符号系列。

这么一来，个体事物存在的实在性便有了问题。事实上，在皮尔士的形而上学中，个体存在，但不真实。无论什么存在，都要依赖于其他的存在物（CP5.429）。实在并不在于个体的反应本身，而在于它们所例示的规则或规律，这些规则或规律是"真正在自然界起作用的普遍原则"（CP5.101）。这些现实的普遍性约

束着我们的符号行为,即我们经验的符号化。因此,在皮尔士看来,独立的实在主要是关于普遍或第三性的实在,亦即在自然中真正约束我们思维的有效的普遍原则。"在现实世界中起作用的普遍原则具有符号的本质属性,这样说再恰当不过,因为其产生作用的方式跟通过言语产生物理效果的方式是一样的。"(CP5.101)需要强调的是,当皮尔士声称所有思想都是符号的时候,其意思是说,我们所引入的用以说明自然的或约定的语言符号的分析性框架,也可以用来描述和说明心理现象。假设我们断定"拿破仑是一个征服者",那么,这一思想和其对象之间通过后继思想的中介作用而联结起来,并且后继思想把其解释为关于拿破仑的思想。将某一内容赋予某一思想,就是将一种复杂的关系属性赋予它。我们可以认为,皮尔士旨在为心理状态提供一种操作主义的说明。但是,这种心灵观如何才能起作用?事实上,皮尔士运用了一种间接策略:把观念理解为判断,并且把观念的联结解释为与推理模式相一致的进程。例如,我们关于声调的感觉可以被视为一种假说推理:通过无意识的推理,一系列特征各异的耳膜振动被统一为一个单一的经验;将杂多的振动统一起来的感觉,在皮尔士看来,是与将各种感觉材料统一起来的假说是一样的。

至此,我们发现,在自然的"思想"和我们的思想之间,以及在自然的符号进程和构成人的符号进程之间,存在着一种对应关系。皮尔士认为思想或符号就是一种特殊的**习惯**,它将对解释者的身心行为产生特定的影响。因此,依靠推理法则而展开的思想,即假说推理的方法,是我们生物进化的结果,植根于人做出正确猜测的自然倾向之中。研究的逻辑最终植根在本能推理的官能之中,即"一种同自然的本能一致的自然倾向"。在这种意义上,皮尔士为最终的科学进步提供了辩护。而我们将在自然和思想的类同中找到这种辩护的根基:在皮尔士看来,思想不仅是进化的，而且将收敛于最终的意见；这个最终的意见就是实在。

需要说明的是，尽管皮尔士对最终的科学进步有一种方法论上的承诺，但从短期来看，他认为并没有衡量这种进步的标准。不可否认，皮尔士关注的是作为通向真理途径的科学方法的可靠性。但是，向真理收敛（convergence）的可能性又如何得到说明？

在皮尔士看来，科学方法并不是当下立即区分出正确假说和错误假说的一套规则，也不是确定每个假说可信度的运算法则。相反，科学并不急于认识真理。其方法在于通过短期的极度细心的错误消除最终逼近真理。"……假设每一猜测都通过与观察的比较而得到检验。毫无疑问，一致并不表明猜测就是正确的，但是，如果猜测是错误的，那么它最终必被发现。"（CP1.121）因此，皮尔士的科学合理性模式有点类似于证伪主义，但缺少波普意义上的"逼真"概念。更重要的是，皮尔士并不否认最终的辩护。他似乎暗示着，科学进步的历史过程本身，就为我们短期对某一假说的尝试性信念提供了合理证明，无论这一假说正确与否。

用皮尔士自己的话来说似乎是这样的：

> ……科学的每一个单一真理都归因于人类灵魂和宇宙灵魂的类同，这一点应牢记在心，尽管这种类同并不那么完美。（CP5.47）

当然，在这一方面，皮尔士深受达尔文进化论的影响，并把"进化观念"视为哲学史上的一个"转折点"（CP5.18）。所以，皮尔士的科学归纳逻辑建立在居于优先地位的假说推理的基础之上。根据皮尔士的观点，归纳是一个实验研究的过程（CP5.168）；而归纳的有效性依赖于普遍与个体之间的必然联系，正是这一点支撑着实用主义（CP5.170）。皮尔士论证说，如果存在着实在事物，那么，一个足够充分的从部分到整体的推论必将把人们导向关于实在事物的知识（CP5.354）。这也就意味着归纳预设了自纠正的能力。也正是从这种意义上来说，皮尔士将观念的意义归结为具有自控特征的习惯，而他所谓的效果，也主要是可能的、可设想的、依据推理而引起的行为。但是，归纳的自纠正之所以成功，必须依赖于这一事实：人能够"洞察"事物之间的普遍联系，换言之，人具有对第三性的"洞察力"。因此，归纳的自纠正取决于一种猜测真理的自然倾向：

  可以肯定的是，假说推理以达到真理的唯一希望就在于：人类心中出现的观念和那些与自然规律相关的观念之间，可能存在着某种趋向一致的自然倾向。（CP1.81）

  从这种意义上而言，如果没有居于在先地位的假说推理，归纳就是不可能的；而且，如果假说推理不是以收敛于真理的方式而进行，那么归纳的自纠正也是不可能的。具有自纠正特征的归纳之所以导向真理，部分原因就在于：我们的心理习惯和本能已得到自然进化，以至于我们能够在我们偶然寄居的世界中生存下来。人类进化发展出一种预测自然进程和方向的特殊官能，有关这种预测的知识对人类而言具有一种直接的生存价值。这是我们解释假说合理性和可容许性（admissibility）的唯一途径。没有这种能力，人类就必须在黑暗中去寻找这种解释，在缺少自然暗示（这种自然暗示是在自然界中成功进化而来的）的帮助下去盲目摸索（CP6.101）。因此，在皮尔士看来，归纳至少部分地植根于人的一种自然倾向或官能之中："……所有的人类知识，乃至最顶端的科学，无非就是我们天生的动物性本能的发展。"（CP2.754）

照此看来，作为一个归纳哲学家，皮尔士与休谟和维特根斯坦似乎具有共同之处：他们三个似乎都承认归纳推理是某种本能或习惯性的东西。但是，休谟否认对这类习惯所作的任何辩护；维特根斯坦则认为这些习惯恰恰构成了我们接受归纳的基础。在这一方面，皮尔士更接近于维特根斯坦①：他们都认为归纳具有生物学的基础。但皮尔士又为归纳最终向真理的收敛提供了理由。

但是，皮尔士关于真理的收敛理论，或者最终会产生唯一结果的无限研究观，已遭到当代大多数哲学家的挑战。其中罗蒂认为，见解的多样性不仅是不可避免的，而且实际上比所有的人的意见收敛于一个最后信念更可取。皮尔士曾认为，意见收敛于一点是人类认识的理想极限，也是认识的最高目的。但罗蒂要求我们放弃这种研究观，因为在实践中这种收敛不会导致各种见解相互容纳，而是可能导致以强欺弱，这样我们就会失去受压制的思维方式中含有的合理见解。因此，哲学家的任务不是根据真理（包含在各种观点之中）必然相容这个假定，把它们翻译为一组共同的词句，从而最大限度地减小它们之间的差距，而是扮演"见闻广博的业余爱好者、爱管闲事的调停人"。② 而后在《客观性、相对主义与真理》一书中，罗蒂则进一步阐明，形而上学的客观性是不可能的，真正的客观性就是友爱（solidarity）。"追求客观性，归结起来就是求得一些信念，在人们与持不同信念者的自由、开放的交流过程中，这些信念最终将得到非强制的赞同。"③ 但意见的分歧是难免的，"实用主义者对研究目标的解释

---

① 参见：T. P. Crocker, "Wittgenstein's Practices and Peirce's Habits: Agreement in Human Activity", in *History of Philosophy Quarterly*, 1998（15），pp. 475–493.
② R. Rorty, *Philosophy and the Mirror of Nature*, Princeton University Press, 1979, p. 172.
③ R. Rorty, *Objectivity, Relativism, and Truth*, Cambridge University Press, 1991, p. 41.

是：达到非强制的赞同与容忍异议之间的适当比例"①。科学之所以值得称赞,并不是由于它获得了客观的真理,而是由于科学有更多的宽容、自由、民主,或者说有更多的友爱。

尽管罗蒂反对研究收敛于一个最终意见的主张,但他明显继承了皮尔士的"共同体"概念。事实上,罗蒂论证的核心旨在为皮尔士的"共同体"提供某种伦理原则:即友爱,它是民主、平等、自由等一系列启蒙运动的政治价值。这样,科学、政治、伦理最终融合在一起。相比罗蒂而言,蒯因的批评则更为直接:

> ……我们没有理由假定,即使是永久不变的表面〔神经〕扰动也不容许某个体系是比其他所有可能的体系更好或更简洁的科学体系。〔……〕科学方法是通向真理的途径,但即使从原则上讲,它也没有为真理提供唯一的定义。任何所谓的关于真理的实用主义定义同样是注定要失败的。②

蒯因的论证建立在他关于意义的证实理论,及其唯名论的本体论的基础之上。如果语词和语句只有证实意义,那么,通过"观察语言的一个片段"得到的研究结果仍只是实践效果(个体反应)的产物,而不能作为实在的表征,即正确理论的发展。但是,在皮尔士看来,实在的东西并非蒯因在其本体论中所假定的个体,而是由这些个体所例示的规律和普遍性。这样说是因为同样的经验结果证实了普遍性,而不是说实在存在于这些经验结果之中。因为能用这些经验结果所表达的仅仅是证实意义,而非普

---

① R. Rorty, *Objectivity, Relativism, and Truth*, Cambridge University Press, 1991, p. 41.
② W. V. Quine, *Word and Object*, MIT Press, 1964, p. 23.

遍性的最终意义。因此，经验上等同的不同理论将包含相同的普遍性，因而也就表征相同的实在。

三 符号学和实用主义的最终融合

既然实用主义是关于理智概念（intellectual concept）的意义的学说，那么它就应当可以被确立成为符号学的一个公理。当我们运用实用主义准则以澄清某一概念或假说时，我们就是对这一概念或假说进行解释；我们所产生的解释项使得原始符号的内容得到尽可能的阐明。因此，要阐明某一概念或假说的意义，合理的策略就是对普遍符号或概念所能够拥有的各种解释项进行普遍的研究，将某种解释项视为最明确或"最终的"解释项，进而表明，应用实用主义准则能够提供那种解释项。因此，皮尔士声称，实用主义就是关于概念或假说的"最终的逻辑解释项"的学说（CP5.475）。

在意义问题上，经验论者所运用的常见论证似乎是这样的：为某一表达式提供一个同义词或者给出一个文字定义，通过这种方式，我们就可以表明我们理解了这一表达式，并且我们可以运用同义词或定义来传授表达式的意义。但是，这些方法所体现的只是解释某一表达式意义的间接方式；它们仅表明这一表达式同另外某个表达式是同义的。为了打破语词循环，我们必须拥有解释意义的其他方式，比如直指描述（ostensive description），或者通过表明表达式的应用来解释其意义。皮尔士运用了一个与之相似的论证：

某一符号的逻辑解释项揭示了这个符号的认知或概念内容。如果这个解释项自身就是一个断言或判断，那么它解释这个符号的方式相应地也就依赖于其自身如何被解释。因此，一个"最终的解释项"是必需的：它能够揭示符号的意义，但其自身并不需要得到解释。这种解释项必然是一种心理状态或事件，并且其自身必然是普遍的。否则，它就不可能解释符号的普遍的或概念性的内容。但是，它如何解释这个符号，必须不依赖于它如何被解释：即它必定不是一个普遍符号（CP5.476）。因此，1903年实用主义讲座以后，皮尔士一直在追问一个概念或假说的最终的逻辑解释项到底是什么。直到1907年，皮尔士才真正认识到，是习惯本身而不是关于习惯的概念，才是一个概念的最终的逻辑解释项；并且他声称："关于最终的逻辑解释项，我所能够提供的唯一可能的答案就是行为习惯的改变。"（CP5.476）如果我们最终承认某一概念为真：为了在特定条件下实现我们的目标，接受这一概念就会对我们可能的行为产生影响（CP5.476），那么，当我们知道如何调节或规定自己的行为时，我们就理解了这个概念的最终意义。实用主义准则表明：我们接受各种假说将如何调节我们关于自身行为后果的理解，通过这种方式，它为我们澄清我们的假说提出"劝诫"。因此，它揭示了概念或假说的最终的逻辑解释项。

如果唯有习惯才能起到最终的逻辑解释项的作用，那么这一论证就具有一定的说服力。作为"将要是的东西"（would-be），习惯是普遍的，但是我们很难确定习惯本身是否独立于解释。正如我们在第二章已经指出的那样，如果我们遵循皮尔士的方法，试图去决定我们藉以阐明概念意义的那些习惯，那么，我们就必须在某种程度上预设关于概念意义的先行理解。也就是说，我们有理由对"习惯独立于它如何被解释"这一点产生怀疑。这样一来，我们势必陷入一种逻辑循环，从而也就难逃行为主义所遭受的那些传统的反驳。对此，我们已经给出一种可能的回应："实用主义准则"是在符合这一准则的思想实验中阐明一个被含糊地先行理解了的概念。所以，其功能之一就是

"有效地排除一切在本质上不清晰的概念"（CP5.206）。与一种可在逻辑上形式化的理论构造方式不同的是，这种阐明方式不是从事态演绎出事态，相反，它致力于在命题语境中对概念意义的沟通；对其客观性的唯一辩护就在于：这种方法是主体间相互可检验的。

如果我们有理由对习惯的独立性产生怀疑，那么，我们所要做的就是表明某一行为主体（agent）在其所有其他的信念以及各种预期（desires）的强度都已既定的条件下，将要做什么。唯有通过这种方式，我们才能阐明将要发生的东西。我们似乎只有借助于普遍概念才能阐明这些信念和预期。但是，如果当实用主义准则被应用时，所有这些信念和预期都保持不变，那么，上述困难就可以得到解决。这样一来，我们可以合理地推知：某一行为主体的"行为趋向"不仅取决于某一命题的真是否使得某一行动有助于实现他所持有的某一预期；而且还取决于这一预期和其他预期的相对强度，以及他对实现这一预期的最好或最有效的途径所做的判断。这似乎才是皮尔士论证的关键所在。也正是在这种意义上，我们认为实用主义致力于在命题语境中对概念意义的阐明。

在这样一个沟通语境中，首先需要一个使用符号的真实主体。因为根据皮尔士关于三元符号关系的分析，我们至少可以得出如下三点结论[①]：

首先，如果没有一种现实的符号中介作用，就不可能有任何关于某物之为某物的知识；

其次，如果没有一个从根本上说可知的实在世界，那么符号对意识来说就不可能具有任何表达作用；

[①] 参见［德］卡尔-奥托·阿佩尔《哲学的改造》，孙周兴、陆兴华译，上海译文出版社2005年版，第114页以下。

最后，如果没有真实的符号解释者，就不可能有符号对某物之为某物的任何表达。

早在1868年，皮尔士就对符号学所理解的认知过程的主体问题提供了一个答案。① 他阐发了一个关于"共同体"的观念："这个共同体无明确的界限，并且具有明确的增加知识的能力。"（CP5.311）② 虽然皮尔士把一个实在的共同体假定为主体，但他并未把认识仅仅理解为一种意识作用，而是首先把它理解为一个实在的历史性解释过程。但是，他对实在和真理所作的界定，以及对研究过程所依赖的科学方法的有效辩护，都要借助于无限共同体中的推论过程和符号解释过程之间的趋同。更重要的是，对皮尔士而言，这种趋同必须被假定为规范性的。也就是说，这种一致性是知识客观性的保证，并且取代了康德的先验的"意识本身"。作为交往共同体的理想，这种趋同（或一致性）首先必然在共同体中并且通过共同体才得以实现；再者，就这一目标的实际完成而言，尽管具有不确定性，但这种不确定性必将由一个关于约定和希望的伦理原则取而代之（CP5.354），即皮尔士的"逻

---

① 在CP5.284中，皮尔士曾写道："每一个思想符号都在另一个与之相随的符号中被翻译或解释——这乃是一个无一例外的规律，除非一切思想都达到一个突然的终点而死亡。"按照皮尔士的观点，根据有限的意识及其对世界的表象能力，实在本身作为一个整体必须被视为不可知的。皮尔士实际上作了一个假定，即那种仅仅作为有待认识的和可知的东西才能得到有意义的思考的实在，在任何一个特定的时间点上都不可能真正获得明确的认识。因此，根据皮尔士关于符号过程及符号关系的分析，使用符号的真实主体必然取代纯粹意识；符号解释取代对象意识，而这一点就要求作为符号解释过程的认识过程超越一切有限的主体性。

② 另见CP8.13，皮尔士曾说："那种构成真理的普遍赞同对现实生活中的人或人类来说绝不是有限的，相反，它涵盖我们所属的整体精神共同体，也许还包括这样一些共同体，这些共同体的心智与我们的心智是大相径庭的，以至于没有任何关于感觉性质的论断能进入其赞同，除非以这种方式刺激了那些特定的心智。"（［德］卡尔-奥托·阿佩尔：《哲学的改造》，第117—118页）曾指出，通过对"共同体"观念的阐发，皮尔士不再像康德那样，认为能够对具体科学的经验判断的客观性和必然性进行先验演绎。因此，皮尔士就必须取消康德的终极前提和"极点"，即知觉的先验综合，而代之以一个"终极信念"的假设——在一个充分漫长的研究过程之后，无限的科学家共同体将对这一"终极信念"达成一致。

辑社会主义"（logic socialism）原则[①]：不愿意牺牲自己的灵魂以拯救整个世界的人，其全部的推理都是不合乎逻辑的；因此，社会原则内在地植根于逻辑之中（CP5.354）。

这样一来，皮尔士就不再把一个"意识本身"假定为客观真理的先验主体。但尽管如此，他仍然假定，如果这一沟通过程不被扰乱的话，终将产生出某种完全赞同，这种完全赞同以符号学的方式构成了客观性的保证。更为重要的是，他从实用主义准则出发把一切意义沟通都与可能的实验经验联系起来，因此皮尔士认为，哪怕是作为符号解释的一切有关意义的理解，也凭借研究者共同体成员就他们的研究主题所达成的一致，而获得可能的主体间性真理。

第四节　"符号学实用主义"的当代引申

如果我们把皮尔士的实用主义理解为一种关于意义的语用学理论，而这种理论又是更为普遍的符号理论的一部分，那么，我们就会发现一种新的哲学转变的可能性：从符号学理论出发，皮尔士认为一切知识都以符号为中介，由符号解释者构成的解释者

[①] 瓦滕堡在其著作《逻辑社会主义》（转引自［德］卡尔-奥托·阿佩尔《哲学的改造》，第117—119页）一书中，也强调了皮尔士对哲学的绝对主体的取代；并且这种取代与青年黑格尔派的"无限共同体"（施特劳斯、费尔巴哈）或"社会"（马克思）对绝对主体的取代之间具有相似性。而阿佩尔（《哲学的改造》，第118页）则指出，皮尔士在这个原则中首次对理论理性问题与实践理性问题作了辩证的中介化，但他所设想的中介化是以这样一种方式被提出的，即它的先验哲学的规范特征是毋庸置疑的。而后罗伊斯（Josiah Royce）发展了皮尔士的符号学，他曾用一个经济学比喻来说明主体间沟通的元科学问题与科学认知问题之间的关系。为了用实验来兑现一个观念的"现金价值"，我们必须首先通过解释来固定它在科学家共同体中的"名义价值"。换言之，人类与自然之间的知觉性认知交换是以人与人之间的解释性认知交换为前提的。（见 J. Royce, *The Problem of Christianity*, Catholic University of America Press, 2001, p.146.）当然，罗伊斯致力于一种关于主体间性普遍沟通的社会哲学理论，并非像皮尔士那样，热衷于一种关于科学概念的阐明的元科学理论。这恰恰是二者的差异所在。

共同体能够保障知识的确定性。德国哲学家卡尔－奥托·阿佩尔吸收了皮尔士的符号学思想，创造性地提出了"先验语用学"的构想。

阿佩尔明确地将皮尔士的"共同体"观念视为对康德先验哲学的一种"符号学改造"。① 根据阿佩尔的观点，以符号解释共同体为核心观念的美国实用主义符号学运动，实际上与维特根斯坦哲学的演变具有同步性。原因就在于：在阿佩尔看来，维特根斯坦从前期的"逻辑语言批判"转向后期的"语言游戏"和"生活形式"理论，开启了语言哲学的"语用"维度。更重要的是，后期维特根斯坦对"私人语言"观点的抨击，是对人类言语的"主体间维度"的揭示，即对作为语言交往和社会互动的人类言语行为的揭示。而这与皮尔士所提出的符号解释者的"共同体"观念不谋而合。因此，所谓的"语言转向"的真正完成，在阿佩尔看来体现在如下两个方面：一方面是由维特根斯坦所建立的语言分析哲学；另一方面是以皮尔士为代表的美国实用主义符号学对语用维度或主体间维度的揭示。

基于皮尔士的符号学理论，阿佩尔提出了"先验语用学"的构想，其出发点主要表现为：② 1. 如果没有关于具体意向性的反思性或语用学方面的知识，那么，在理解言语行为或以符号为中介的行为方面，就不会形成有效的知识论断；2. 三元符号关系中的符号解释者不能只限于对以符号为中介的行为进行观察和描述，而要在被解释的符号中建立一种交往关系，符号解释者预期所达成的主体间的一致决定了这种交往关系。也就是说，在先验语用学的维度上要取消对符号过程的先验维度进行的经验主义还原，然后从无限的解释共同体的角度解释真理的主体间条件。因

---

① 参见［德］卡尔－奥托·阿佩尔《哲学的改造》，第三章。
② 参见李红《先验符号学中的语用学转向》，载《自然辩证法通讯》2000 年第 5 期。

此，符号关系中实际的、交往性的、自我反思性的符号解释的主体间的关系构成了符号解释的先验主体——无限的交往共同体。

正是在这种意义上，阿佩尔才认为皮尔士的"共同体"观念本身就是对康德先验哲学的符号学改造：符号解释的"共同体"观念取代了康德的"先验自我"。而恰恰在"语用维度"或"主体间维度"上，解释学哲学、语言分析哲学与美国实用主义才呈现出"合流"的趋势。这也许是皮尔士的符号学理论留给我们的最重要的启示。

第五章　探究与知识的价值

　　本章旨在利用皮尔士哲学思想中的一些重要洞见处理当代知识论中的一个重要问题，即知识的"价值问题"（the value problem of knowledge）。当代知识论领域的一个根深蒂固的直觉是：知识比真信念更有价值。该直觉引领着当代知识论的发展，同时也对之构成必要的限制。这意味着，当认识论的学者试图提出各种形而上学的个体化条件来刻画知识的本质时，其中必须包含这样的条件，它能够从根本上刻画出知识和真信念在价值层面的差异，从而说明知识为何是一种至高无上的价值状态。不过，正是这种限制给认识论的学者带来一个解释上的难题：他们一方面坚持"真理诚可贵，知识价更高"的直觉；另一方面却发现要想对此提供一种令人满意的解释，绝非易事。

　　该难题最早出现在柏拉图的著作当中，即通常所说的"美诺问题"。它在相当长的一段时期内并未引起学者们的关注，根本原因在于：自柏拉图时代起，认识论的学者一直致力于知识的概念分析，以解答知识的本质问题为首要任务。但是，到了20世纪70年代，随着可靠主义知识理论的兴起，学者们发现：尽管以戈德曼（Alvin Goldman）为代表的过程可靠主义以一种全新的视角解答了知识的本质问题，但它却无法解释我们关于知识的价值直觉。从这时起，古老的"美诺问题"才首次在当代引发了广泛的关注，并被一些学者称作知识的"价值问题"。① 尤其值得一提的是，扎格泽博斯基（Linda Zagzebski）针对过程可靠主义的知识理论，基于著名的"咖啡机类比"所提出的"淹没问题"（swamping problem），使得知识的"价值问题"以全新的形式再次变得突显起来。②

截至目前，建立在德性基础之上的各种知识理论被公认为对上述问题提供了最为成功的解答。尽管不同的理论派别在一些细节问题上尚有纷争，但德性认识论者用以解决上述问题的理论资源都来自由亚里士多德所开创的德性伦理学。不可否认，在伦理学的框架内处理认识论的问题的确是一个有益的尝试，而且也取得了丰硕的成果。但在笔者看来，这种做法的一个隐患在于：它可能会使认识论本身的合法性地位再次遭受一种奎因式的质疑——"认识论理应成为伦理学的一章"。

基于这种考虑，笔者接下来将尝试利用皮尔士哲学思想中的一些重要洞见，在认识论本身的框架内来解决知识的价值问题。如果这种做法是可行的，那么它不仅可以为认识论的学者在解决知识的价值问题时提供更丰富的理论资源，而且还可以消除上述隐患。

第一节 "美诺问题"与知识的价值

知识是有价值的。例如，你受邀去某个餐馆就餐，并且你知道该餐馆的地点，显然，这条知识可以成功地指引着你抵达目的

---

① L. Zagzebski, *Virtues of the Mind*, Cambridge University Press, 1996, pp. 300 – 302; 另见: W. Jones, "Why do We Value Knowledge?", in *American Philosophical Quarterly*, 1997 (34), pp. 423 – 440; J. Kvanvig, "Why should inquiring mind want to know?", in *The Monist*, 1998 (81), pp. 426 – 451; W. D. Riggs, "Reliability and the Value of Knowledge," in *Philosophy and Phenomenological Research*, 2002 (65), pp. 79 – 96.

② 参见 L. Zagzebski, *Virtues of the Mind*, Cambridge University Press, 1996, 尤其是第 299—304 页的论述。

地。但是，即便你不知道该餐馆在哪，你只是持有一条关于就餐地点的真信念，你照样可以在其指引下抵达目的地。这就好比说：即便你不知道该餐馆在哪儿，你照样可以在一个精准导航仪的指引下成功地抵达目的地。所以，就实践功效而言，"知道一件事"似乎并不比"正确地相信它"更有价值。正是在这种情况下，美诺曾提出如下疑问：既然二者在实践层面表现得同样出色，我们有什么理由认为知识比真信念更有价值？

该问题对后世的认识论研究造成了深远影响。一方面，在当今知识论领域执牛耳的各种版本的德性知识理论，均以解答该问题为首要的理论旨趣。不同阵营在"兜售"他们的理论之初，均标榜自己的理论对该问题做出了出色解答，并以此谴责竞争对手。在这个意义上，我们可以认为，该问题推动着整个认识论事业的蓬勃发展，对它的回答成为我们评估各种理论之优劣的一个重要指标。另一方面，更重要的是，能否解答该问题甚至关系到整个认识论事业的成败。认识论学者提出各种形而上学的个体化条件来刻画知识，试图捕捉它的本质并将其与别的认知状态区分开。但是，不管他们如何刻画知识的本质，他们所援引的某个（或某些）条件必须能够在形而上学的层面说明知识是一种具有独特价值的状态。

"美诺问题"之所以如此重要，根本上还是由于认识论领域存在着一种根深蒂固的直觉：几乎所有的学者都坚信"知识比真信念更有价值"。一旦受其支配，同时又排除了实践层面的考量，那么，他们自然会面临沉重的解释负担。从这个角度看，"美诺问题"的提出，实质上是在迫使认识论学者对这种不容置疑的直觉提供一种恰当的理论解释。不幸的是，要做到这一点并非易事。由于它针对的是我们关于知识的价值直觉的解释，所以当代学者在谈及知识的价值问题时，往往会追溯至"美诺问题"。

就其本身而言,"美诺问题"是一个典型的比较性问题。也就是说,它是在比较知识和真信念这两种有价值的状态的基础上,针对二者的价值差异所提出的。对"美诺问题"的当代重构主要有以下三条进路:

(1)从认知目标的角度切入。根据该进路,"美诺问题"其实相当于如下这个问题:既然我们直觉上都认为认识论探究的目标是获取知识,那么,以知识的方式获得真理(即,知道一个命题为真)为什么应该成为认识论探究的目标,其独特价值何在?诚如米勒(A. Millar)所言:"从一个方面来讲,探究的目标是知识,至于为何应当如此,其实并不会引起困惑,因为获取知识就是探究全部在乎的东西。即便如此,哲学传统还是促使我们思考:为什么探究的目标应该是知识,而非某种与真信念相关但不足以构成知识的其他状态。假定探究的目标是真理,那么,一个人以获得知识的方式把握真理,为什么会如此之好?这正是我力求解答的问题。"① 在米勒看来,促使我们从目标角度思考知识的价值问题的那个"哲学传统"肇始于柏拉图。因此,他直接将自己力求解答的问题等同于"美诺问题"。

(2)从认知偏好的角度切入。该进路的主要代表人物邦迪(P. Bondy)曾这样来刻画"美诺问题":"知识和真信念都是我们想要拥有的东西,但是在其他条件都相同的情况下,我们对知识的偏好要胜过对单纯真信念的偏好。首要的价值问题就是解释情况为何如此。"②

(3)从认知欲求的角度切入。该进路最有名的代表人物当属普理查德(D. Pritchard)和图里(J. Turri),下述一段话颇具代

---

① Alan Millar, "Why Knowledge Matters", in *Aristotelian Society Supplementary*, 2011 (85), pp. 64 – 65.

② Patrick Bondy, "Epistemic Value", in *The Internet Encyclopedia of Philosophy*, 2015.

表性:"尽管'美诺问题'与这个问题——知识为什么比真信念更有价值——相关,但第二序的价值问题则关系到如下问题:知识为什么比作为其构成部分的任何恰当的成分都更有价值。也就是说,为什么我们对知识的欲求要尤为强烈?"①

上述重构都是新近之事。由"美诺问题"演变而来的知识的"价值问题"在近代特别是针对过程可靠主义而提出的。接下来,我们将详细考察该问题是如何对过程可靠主义构成挑战的。

第二节 过程可靠主义与知识的"价值问题"

根据过程可靠主义(process reliabilism),知识就是可靠形成的真信念。作为外在主义知识理论的典范,它用信念形成过程的可靠性取代了传统知识定义中的辩护(justification)条件,而所谓的可靠的信念形成过程就是那些倾向于产生真信念的过程类型(process-type)。仅就这一点而言,信念形成过程的可靠性是具有价值的。但是,如果可靠的信念形成过程只是在具有产生真信念的倾向这种意义上才是有价值的,那么,正像一些批评家所指出的那样,若一个信念 P 已经为真(这当然是一种认知上的善),则"它是可靠地形成的"这一事实并不能为 P 增加任何价值。按照扎格泽博斯基的说法,"信念来源的可靠性无法解释知识和真信念之间的价值差异"②。

既然如此,那么过程可靠主义者也就面临一个致命挑战:他们从根本上无法解决扎格泽博斯基所提出的知识的"价值问

---

① Duncan Pritchard and John Turri, "The Value of Knowledge", in *The Stanford Encyclopedia of Philosophy*, https://plato.stanford.edu/archives/win2017/entries/knowledgevalue/, 2018.

② Linda Zagzebski, "The Search for the Source of Epistemic Good", in *Meta-philosophy*, 2003 (34), pp. 12–13.

题"。为了更好地说明这一点，扎格泽博斯基提出了有名的"咖啡机类比"。①

设想有两杯超级美味的咖啡，二者的区别仅仅在于：一杯是由一个可靠的咖啡机造出来的，而另一杯则不然。除此之外，它们在其他一些重要的方面并无二致，例如，它们都香醇可口。能够喝上这样的咖啡当然是一种莫大享受，我们自然会赋予它们以价值。而且，如果我们认为它们是有价值的，那么，制造出这种咖啡的可靠的咖啡机也就因此而被我们赋予一定的价值。但是，问题就在于：一旦我们已经品尝到这样的咖啡，我们根本不在乎它是否由一个可靠的咖啡机造出。也就是说，一杯香醇的咖啡是由一个可靠的咖啡机所造出的，这一事实并未给它增添任何多余的价值；这杯咖啡本身在色香味方面已经具有的价值，"淹没"了制造它的可靠的咖啡机所具有的价值。

无独有偶，柯万维格（J. Kvanvig）以另外一个有趣的例子表达了相同的想法。他说："漂亮的人并不会因为有漂亮的父母而变得更漂亮。"② 诚然，父母长相漂亮使得其子女更有可能拥有漂亮的长相。这一点也时常体现在我们的日常交谈之中，例如，一位慈祥的老者在碰到一对年轻美貌的准父母时往往会夸赞道："就凭您小两口的长相，将来生的娃儿一定会很漂亮！"尽管这类溢美之词包含丰富的文化意蕴，但其所表达的基本意思还是相当清楚的，用稍微专业一点的术语来说，那就是：给定这对准父母的漂亮长相，其子女拥有漂亮长相的条件概率将会更高。但是，一旦他们的孩子已经出生，而且长相确实很漂亮，在这种情况下，假设我们还是在上述"条件概率提升"的意义上来说这个孩

---

① Linda Zagzebski, "The Search for the Source of Epistemic Good", in *Meta-philosophy*, 2003（34）, p.13.

② Jonathan Kvanvig, *The Value of Knowledge and the Pursuit of Understanding*, Cambridge University Press, 2004, p.203.

子极有可能拥有漂亮的长相,这种说法本身就显得有些多余,它并不会增加这个孩子的审美价值。

上述两个例子旨在表明:认知活动的终极目标是获得真理,作为一种值得欲求的状态或终极的"认知之善"(epistemic good),真信念本身具有独立的内在价值;而根据过程可靠主义,可靠的信念形成过程不过是实现这一目标的外在手段,因而其本身不具有任何独立的价值,我们只能在一种工具主义的意义上谈论它的外在价值;既然"信念的真"外在于实现该目标的可靠过程,也就意味着二者之间缺少某种内在的联系;这种内在关联的缺失必然会导致这样的后果——只要我们所欲求的认知目标得以实现,我们根本不在乎它是否由一个实际上可靠的信念形成过程所促成。即便是那些我们认为并不可靠的信念形成过程,照样可以帮助我们实现这一目标。正是在这种意义上,我们才会认为,一个可靠地形成的真信念所具有的价值并未超出真本身已经具有的价值。柯万维格将过程可靠主义面临的这一问题称作"淹没问题",并对其实质做出如下说明:"这个问题就是:当一种属性作为工具手段而与另外一种属性相关,并凭借这种相关性才具有价值时,目属性的出现会淹没掉工具属性所具有的价值。"[1]

有了以上准备,我们可以将过程可靠主义面临的反驳简要地概括为如下形式的论证:

前提1:知识是可靠地形成的真信念;

前提2:如果一个信念已经为真,"它是可靠地形成的"这一事实并不能提升其已有的价值;

结论:知识并不比单纯的真信念更有价值。

这个论证的关键在于前提2。如前所述,扎格泽博斯基和柯

---

[1] Jonathan Kvanvig, *The Value of Knowledge and the Pursuit of Understanding*, Cambridge University Press, 2004, p. 203.

万维格通过不同的例子详尽阐发了支持该前提的理由。概而言之，二者都认为，如果一个信念已经为真，那么真本身所具有的价值会"淹没"掉过程可靠性所具有的价值。在扎格泽博斯基看来，这一现象之所以发生，是由于过程可靠主义者固守一种"机器－产品式"（machine-product model）的信念评价模式。根据该模式，"好的（good）产品使得生产该产品的可靠来源是好的，但是，来源的可靠性并不因此赋予该产品以额外的价值。……如果一杯意式浓缩咖啡香醇可口，那么，即便它是由一个不可靠的咖啡机造出来的，也丝毫不影响它的价值。……同理，如果一个信念为真，那么，即使其来源并不可靠，也不会对（'它为真'所具有的价值）产生影响"。①

这种信念评价模式从根本上依赖于以下两条紧密相关的原则：

（P1）个体主义的原则——认知评价的对象是单个的信念。

（P2）求真主义的原则——认知活动的最重要之事莫过于获得真信念。

这两条原则主导着这样一幅研究图景：就认知评价实践而言，认识论研究关注的是作为一种"认知产品"的单个的信念；而这种关注最终落实为对"真"的关切，也就是说，认识论研究最终关切的是这些单个的信念是否精准地表征外部世界。因此，基于这幅图景，每一个认识主体均可以借助一条条具体的信念将外部事态逐一纳入自己的视野，最终实现对世界的命题式把握。考虑到这一点，我们便不难理解过程可靠主义为什么无法解决知识的"价值问题"，正如布罗加德（B. Brogaard）所言："如果真理即为我们全部关切之所在——如果我们渴求可靠地形成的信

---

① Linda Zagzebski, "The Search for the Source of Epistemic Good", in *Meta-philosophy*, 2003 (34), p. 13.

念，只是因为它们更有可能为真——那么，我们理应对单纯的真信念和可靠形成的真信念一视同仁。"①

既然由这两条原则所主导的信念评价模式是知识"价值问题"的难解之源，那么，要想真正解决它，我们就有必要放弃这种模式。德性认识论者通过对（P1）的拒斥做到了这一点。在他们看来，认知评价的对象并非单一的信念，而是持有这些信念的主体本身。在对主体进行评价时，我们首要关注的是他（或她）能否胜任"求知者"（knower）的角色，而这一点又取决于他（或她）能否在认知实践中恰当地运用自身所具备的一些认知能力，或者展示出某些内在的品质。由这些稳定的能力或品质所构成的德性是主体获取知识的必备要素。在这种意义上，"出于德性而正确地相信"才是知识所要求的一种状态，这种状态作为一个有机整体，将认知活动的目标（求真）与实现该目标的手段（人的德性之运用）内在地结合起来，从而构成一种具有内在价值的认知状态。知识的额外价值正源于此。

德性认识论者所借助的理论资源首先来自由亚里士多德所开创的德性伦理学。不可否认，在伦理学的框架内处理认识论的问题的确是一个有益的尝试。但是，对于德性认识论者而言，他们需要解决以下两个问题：第一，如何恰当地协调德性和真之间的关系？或者说，到底何种德性才有资格作为一种认知意义上的德性？第二，将认识论的研究建立在伦理学的基础上，是否会引发对认识论本身的合法性地位的质疑？在前一个问题上，德性认识论的阵营内部并未达成有效共识；后一个问题如若处理不当，则会带来这样一个隐患：认识论最终沦为伦理学的一章。

---

① B. Brogaard, "Can Virtue Reliabilism Explain the Value of Knowledge?", in *Canadian Journal of Philosophy*, 2006（36）, p. 337.

第三节　探究理论与知识的"价值问题"

在笔者看来，我们之所以可以利用皮尔士的探究理论来解决知识的"价值问题"，原因在于：它不仅从根本上拒斥原则（P1），而且也在一定程度上放弃了原则（P2），因而从源头上阻断了这一问题的产生。接下来，我们将详细分析皮尔士是如何做到这一点的。

一　拒斥个体主义

皮尔士对该原则的拒斥集中体现在他对笛卡尔主义认识论的批判当中，这一批判有两个重要的推论：第一，知识确定性的保证不在于个体意识，而在于共同体的共识；第二，认知活动的评价单元并非单个的信念，而是整体的信念之网。

作为一个科学家和逻辑学家，皮尔士要求我们要站在一个全新的平台上重新思考问题。"正确地相信"必须依据严格的推理而进行，这一点又对科学实践施加了必要的限制：一个理论一经提出，就要接受不断的检验，直至人们达成某种共识。因此，"我们永远也别指望凭一己之力去实现我们所追求的终极哲学；相反，我们只能作为哲学家共同体的一员去追寻它"（EP1.29）。正是在这种意义上，皮尔士认为确定性的最终检验并不在个体意识之中。作为认识主体，任何一个人都不能凭一己之力实现对世界的命题式把握。事实上，"让单一的个体成为真理的绝对仲裁，真是贻害无穷。其后果就是：形而上学家们一致认为，形而上学已经达到了确定性的顶峰，自然科学对此望尘莫及；——这是他们唯一能达成的共识"（EP1.29）。与此相反，皮尔士认为哲学应当仿效成功的科学方法，也就是说："只从那些能够经得起仔细推敲的明确前提开始，并且愿意相信论证的多样性，而非相信某一论证的定论。"（EP1.29）作为一个具有科学精神的哲学家，皮尔士坚持认为，我们必须遵循科学的方法形成信念，并接受科学家共同体的不断检验，方能趋向关于外部世界的总体上为真的描述。不过，这并不意味着：当我们开始从事哲学研究时，要按照一套方法论准则清空我们已有的信念，从一个绝对可靠的基础开始。相反，"当我们开始从事哲学研究时，我们必须从我们实际上所持有的一切先见（prejudice）开始"（EP1.28）。皮尔士这里所说的"先见"指的是我们在同外部世界打交道的过程中所自发形成的各种信念，它们构成一个信念之网，作为整体接受合理性的评价。

上述分析表明，在皮尔士这里，认知评价的对象由单一的信念转向整体的信念系统，相应地，作为认识主体的单一个体也由共同体所取代。这意味着，知识并不要求主体以单个信念的方式实现对世界的命题式把握，而是通过某种认知整合实现对世界的一种系统性的合理重构。因此，认知评价针对的是经过整合之后的总体的认知实践。那么，到底该如何刻画这种认知实践呢？

二 拒斥求真主义

如前所述，皮尔士将这种实践刻画为一种规范性的探究活动。就其本质而言，探究是一种"解决问题"式的活动：它始于具体的问题情境，终止于问题的解决。而我们今天所说的认识论则是这种更为广泛的探究活动的一部分。正如皮尔士所说："哲学有三大分支。第一大分支是现象学，……第二大分支是规范科学，研究现象与目的（亦即真理、正当和美）之间的关系所具有的普遍必然法则。第三大分支是形而上学……"（CP5.121）相对于不同的目的，规范科学又可细分为逻辑、伦理学和美学。皮尔士所说的"逻辑"相当于我们今天所说的科学哲学，包括认识论和哲学逻辑。这样看来，根据皮尔士的看法，认识论属于规范科学，其研究受制于一些普遍必然的法则，并具有明确的目标导向。他将这种具有明确目标导向的研究称为"探究"，其实质则是从怀疑到信念的一种拼搏（struggle）。"怀疑的侵扰引起一种拼搏，（我们）努力进入信念状态。我将这种拼搏称为探究……"（EP1.114）

需要指出的是，皮尔士这里所说的"怀疑"不同于笛卡尔意义上的"普遍怀疑"。在笛卡尔那里，"普遍怀疑"作为一种方法，旨在帮助求知者对已有的信念进行苛刻的审查，从而为知识寻求某种确定无疑的基础。但在皮尔士看来，这种怀疑徒有其表，只是"假装着去怀疑我们内心其实并不怀疑的东西……不过是一种自我欺骗罢了，并非真正的怀疑"（EP1.29）。原因在于：根据皮尔士的看法，人首先是作为相信者（believer）的身份而同世界展开"认知接触"的。也就是说，在同世界打交道的过程中，人们总会自发地形成各种信念，而且一开始并不会无端地去怀疑它们。相反，他们总是带着业已形成的信念之网来探索世界。不过，这绝不意味着这些信念会永远免遭怀疑。但是，这种怀疑必须由具体的"问题情境"所触发，必须基于确凿的理由。正如皮尔士所言："某个人在其研究过程中可能会找到一些理由来怀疑他开始所相信的东西；但在那种情况下，他之所以怀疑，是因为他有确凿的理由怀疑，并非基于笛卡尔式的准则。"（EP1.29）这种怀疑是一种真正的充满活力的怀疑（living doubt），因而能够作为一种源动力，推动着探究活动的实质展开。只有在这种意义上，怀疑才能构成人类探究活动的动因。

探究始于怀疑，止于信念。皮尔士说："探究的唯一目标就是意见的确立（即获得信念）。"（EP1.115）有人可能会对此提出质疑：探究的目标并非只是获得某种意见，而是一种真意见。皮尔士则认为，这种质疑毫无根据，因为信念的获得就足以帮助我们克服具体的"问题情境"，从而使我们得以摆脱怀疑状态。因此，一旦我们获得稳定的信念，就会感到完全的满足，而不在意它们的真假。表面上看，该论断有违我们的直觉，因为：在最典型的"是与否"式的问题情境中，我们自然期望得到问题的正确答案，而不只是某种意见（或信念）。但细究起来，皮尔士其实有更深层的考虑，这些考虑不仅与他本人充满实用主义色彩的理论旨趣相关，而且也为上述论断提供了充分的理由。依笔者之见，皮尔士关于该论断的考虑最终落实为对真理和信念的一种实用主义的说明。

（一）真理不是探究的目标

皮尔士之所以认为探究的目标并非获得真信念，核心理由在于"真理"概念本身超出了人类的知识范围，并未对心灵造成实质的影响，因此无法成为我们可欲求的目标。正如皮尔士所言："任何超出我们知识之域的东西，都无法成为我们研究的对象，因为：凡是未对心灵造成影响的东西，都无法成为心智努力的动因。"（EP1.115）

这里有两点尤为值得注意：

第一，按照皮尔士的说法，"真理"之所以无法成为探究的目标，是因为它"超出我们的知识之域"。这里所说的"真理"显然是一种形而上学意义上的客观真理，其要义集中体现在符合论的解释之中："真理"意味着心灵（或语言）与事实的符合。这种解释有一个基本的形而上学假定：世界独立于心灵（或语言）而存在。在这种意义上，信念的真假取决于世界的面貌，因而是客观的、独立于人的认识。皮尔士并不反对真理符合论，他只是认为"符合"概念本身需要恰当的解释，否则，建立在其基础之上的一种形而上学的"真理"概念并不能为人类的探究活动提供规范的指导，也无法成为可欲求的目标。

第二，为什么客观的"真理"无法成为探究的目标？皮尔士提供的理由是它"未对心灵造成影响"。在笔者看来，这是皮尔士基于他的"实用主义准则"对探究活动进行分析的一个自然结果。通常说来，"实用主义准则"的精髓体现为这样一个口号：

（PM）唯有实践差异才能造成差异。

根据（PM），概念或抽象观念之间的意义差异只能根据它们的使用所造成的实践差异加以说明。将其运用于关于"探究"的分析之中，我们自然会得出这样的结果：就其本质而言，"探究"是一种具有明确目标导向的实践活动，旨在帮助人们从令人不安的怀疑状态过渡到稳定的信念状态，从而解决具体的问题；既然它与两种心灵状态之间的过渡相关，那么造成这种过渡的原因一定不是某种外在于心灵的东西。因此，凡是值得我们为之拼搏的东西，亦即，凡是能够作为探究的目标而起作用的东西，一定处于我们的认识范围之内，并实质地影响着我们的心灵，这种影响最终落实为实践层面的行动。所以，一个目标的意义（就其可欲求和可实现而言）也必须根据它最终所产生的实践效果而加以说明。否则，它便是空洞的，也不能从根本上指导我们的探究。

综上所述，既然真理是客观的、独立于人的认识，因而也就无法对心灵造成实质的影响。这意味着，我们既不能有效地将真理识别为一个目标，也无法认识到其实现。正如戴维森所论证的那样，"将真理视为目标是毫无意义的"，因此，"'追求真理'是一项空洞的事业"。[①]

---

① Donald Davidson, *Truth, Language and History*, Oxford University Press, 2005, pp. 6–7.

（二）信念、行动与知识的价值之源

探究的目标并非真理，而是稳定的信念。那么，如何刻画信念的本质？放弃了对真理的追求，是不是意味着我们在探究过程中只是在追求一种"视之为真"的信念，这会不会陷入相对主义的泥潭之中？也就是说，一旦缺少了真理的约束，信念的获得也就因此而缺少了规范的指导原则？在这一部分，我们将逐一处理这些问题，在此基础上，笔者将尝试着解答知识的"价值问题"。

首先，在信念的本质问题上，皮尔士放弃了心理主义的表征论，进而采取一种行为主义的解释。在他看来，"我们的信念指引我们的愿望，并塑造我们的行动。……相信这种感觉在一定程度上确切地表明，在我们的本性之中存在某种固定的习惯，它决定了我们的行动"（EP1.114）。根据实用主义的准则，他又补充说："信念的本质在于确立一种习惯，不同的信念是通过它们所引起的不同的行动方式加以区分的。"（EP1.129）

由此可知，在皮尔士看来，信念的本质是一种行为习惯，也就是说：在特定的情况下，我们将按照特定的方式行动。

这种解释可能会招致如下质疑：不同的个体即使处在相同的信念状态下，但他们实际上所表现出的行为方式却千差万别，那么，我们就很难根据某一具体的行为方式对信念进行有效的说明。为应对此种质疑，我们有必要重新考察"实用主义准则"的涵义。皮尔士对该准则的经典表述是这样的：

> 为了确定一个理智观念的意义，我们应当考虑由这个观念的真所必然导出的可设想的实践后果是什么；这些后果的总和就将构成这个观念的全部意义。（CP5.9）

这里所说的"可设想的实践后果"指的是在特定条件得到满

足的可能情形下，将会产生的实践后果。以信念 P 为例，当我们考察其意义时，我们其实需要评估的是如下一个反事实条件句的真值：设若 P 为真，将会产生特定的实践后果。按照可能世界语义学的说法，我们需要考虑的是在一组与现实世界临近的 P 为真的可能世界中，将会产生什么样的实践后果。作为一条意义澄清的逻辑原则，"实用主义准则"在信念和实践后果之间建立起某种模态连接而非一种具体的现实连接，这在一定程度上可以确保信念具有跨可能情形的稳定性，从而也就排除了以个体的主观实践效果解释信念的企图。事实上，在皮尔士的形而上学中，个体存在，但不具有实在性。实在并不在于个体的反应本身，而在于它们所例示的规则或规律，这些规则或规律是"真正在自然界起作用的普遍原则"。既然终极实在是一种普遍性，用他的符号学的术语来说，是一个无限的"符号过程"，那么，对其根本特征的揭示显然不依赖于个体的思想，而是取决于共同体最终达成的共识。

其次，有了上述准备，我们接下来着手处理前面提及的另一个问题：一旦缺少真理的约束，是不是意味着信念的获得也就因此而失去了规范的指导原则？尽管皮尔士明确地指出，探究的目标并非获得真信念，但这绝不意味着我们可以随意地获得信念。在对各种信念形成方法进行一番评估之后，皮尔士得出结论，我们应该遵循科学方法的指引形成信念。因为科学方法有一个根本的实在论的预设："存在实在之物，其特征完全独立于你我之意见；……如果获得了关于它的充分经验并进行充分的推理，我们终将达成一个（关于它的）正确的结论。"（EP1.120）所以，信念的形成受制于特定的科学方法论规范（首要的便是推理的规则），根据科学方法的根本预设，这种制约进而落实为一种外部限制，也就是实在的限制；又由于实在的根本特征依赖于共同体的思想，再加上信念和行动之间的本质相关性，因此，这种制约最终来自共同体在无限的探究过程中所共同遵循的行动规范。"信息和推理终将导致实在，它独立于你我之臆想。实在概念的起源恰恰表明，它本质上包含着共同体的观念，这个共同体是无限的，并且能够促进知识的无限增长。"（CP5.311）

至此，我们发现，由于皮尔士将相信（believing）理解为一种特殊的行动，所以他实质上是将"我们在探究过程中应该相信什么"这样一个信念伦理学的问题转化成了"我们应该如何行动"的问题。在笔者看来，这种转变在其实用主义哲学的背景下不仅是合理的，而且也能为我们解答知识的价值问题提供一些思路。

最后，根据上述转变，我们有充分的理由认为，由于探究是研究者共同体集体参与的不断获得信念的过程，而信念的获得又受到科学方法论规范的制约，所以，基于科学的方法形成信念，毫无疑问是一种出色的相信行为（believing well），它最终会导致知识的产生。在这种意义上，作为探究的结果，知识的价值来自出色的相信行为所具有的价值；而出色的相信行为本质上是一种出色的行动（acting well），它意味着：作为共同体的一员，每一位参与其中的个人都要遵循科学方法论的规范，积极地投身于共同体的行动之中，例如，阐明科学推理的规则、在智识上保持开明的心态、愿意聆听相反的意见、公允地评估各种证据，等等；众所周知，积极的行动本身是具有价值的，所以，知识的价值最终来自积极的行动本身所具有的价值。

第六章 共同体、实用主义与可错论

本章旨在利用皮尔士哲学思想的一些重要洞见处理当代知识论的另一个重要的问题,即可错论面临的辩护"阈值问题"(the threshold problem)。

第一节 可错论面临的"阈值问题"挑战

一 可错论概述

可错论的得势一方面得益于它在反怀疑论方面所具有的强大理论吸引力,毕竟,由笛卡尔开创的不可错论"注定会导致[关于外部世界知识的]怀疑主义结论"[1];另一方面得益于它所具有的强大直觉吸引力,毕竟,作为难免会犯错的有限认识主体,我们依然知之甚多。总之,作为有力的反怀疑论利器,可错论在极大程度上捍卫了我们的知识直觉。

尽管认识论学界对之尚无统一界定,但其**核心主张**无外乎是说:

(1)"知道 P 所必需的一定程度的认知辩护,与 P 为假是兼容的"[2];

---

[1] S. Cohen, "How to be a Fallibilist", in *Philosophical Perspectives*, 1988 (2), p. 91.

[2] B. Reed, "How to Think about Fallibilism", in *Philosophical Studies*, 2002 (107), p. 144.

（2）"即使某人为命题 P 提供的辩护并非决定性的，他也可以知道 P"①；

（3）"一个人知道 P 所基于的证据，并不确保关于 P 的信念为真"②。

这些经典表述暗含一个普遍想法：主体 S 为相关信念提供的辩护支持，尽管低于确定性的程度，但只要达到某个值，依然可以将 S 从非知识的状态（non-knowing）带到知识状态之中。也就是说，"存在一个具体的辩护度，尽管尚不及决定性的程度，但依然以一种重要的方式改变了我们的认知处境"③。在此意义上，辩护的认知贡献在于：相关信念为真的概率随着其程度的提升而得到相应的提升，一旦达到某个值，信念主体（believer）就可以据此做出恰当的知识断言，从而成为合格的知识主体（know-er）。要言之，一种非确定性的辩护支持之所以能将某个信念转化为知识，乃是由于它充分提升了该信念为真的概率，以至于达到了知识所要求的程度。

然而，尽管可错论深得人心，但是"关于它的经典表述还是引发了阈值问题，即：如何以一种非任意的方式说明是什么确定了知识所要求的证据或辩护阈值"④。

二 "阈值问题"挑战

在许多学者看来，可错论者面临的最大挑战就在于他们无法

---

① L. BonJour, "The Myth of Knowledge", in *Philosophical Perspectives*, 2010 (24), p. 57.

② J. Brown, "Impurism, Practical Reasoning, and the Threshold Problem", in *NOÛS*, 2014 (48), p. 179.

③ M. Hannon, M., "Fallibilism and the Value of Knowledge", in *Synthese*, 2014 (191), p. 1121.

④ J. Brown, "Impurism, Practical Reasoning, and the Threshold Problem", in *NOÛS*, 2014 (48), p. 179.

有效地解答"阈值问题"。例如,赫瑟林顿(S. Hetherington)指出:"多大程度的辩护才能满足知识最起码的要求?关于这个问题,根本不存在非任意的答案。"① 邦久(L. BonJour)也曾一针见血地说:"我们有何基础或理由以一种非任意的方式锁定[知识所要求的]某种辩护度,这一点根本不清楚。"② 他甚至据此断定,可错主义的知识观念是一个虚无缥缈的哲学"神话",因为实际上根本不存在与之相契合的知识概念。

接下来,我将以后者的批评为例,考察这一挑战的要害。在《知识的神话》(The Myth of Knowledge)一文中,邦久开宗明义,提出了他的核心论断:"可错论是一个彻头彻尾的错误;根本不存在得到良好界定的、在智识上有启发力的知识概念与可错主义的普遍观念相契合……所谓的弱知识观(weak concept of knowledge)③,在我看来就是一个哲学神话。"④

为支持上述论断,他从两个方面对之发起挑战。

首先,概念层面的挑战。在他看来,尽管可错论被广为接受,但我们"根本不可能在日常实践中找到与之相契合的知识概念,事实上,我们根本没办法以一种令人满意的方式构建或阐明这一概念"⑤。为什么会这样?试想,我们处在这样一种问题情境中:我们正在探究命题 P 是否为真。假设我们持有一条关于 P 的主张,那么不难看出,为该主张寻求更高程度的辩护,何以能够

---

① S. Hetherington, "Knowledge's boundary problem", in *Synthese*, 2001 (150), p. 114.
② L. BonJour, "The Myth of Knowledge", in *Philosophical Perspectives*, 2010 (24), p. 61.
③ 根据知识所要求的辩护程度的不同,邦久区分了两种知识观:一种是以笛卡尔的不可错主义为代表的强知识观;另一种则是以可错主义为代表的弱知识观。
④ L. BonJour, "The Myth of Knowledge", in *Philosophical Perspectives*, 2010 (24), p. 57.
⑤ L. BonJour, "The Myth of Knowledge", in *Philosophical Perspectives*, 2010 (24), p. 62.

改善我们的认知处境：它使得相关的信念更有可能为真。但是，根据可错论，既然改善我们认知处境的是一种非决定性的认知辩护，那就意味着"在达到［知识所要求的］辩护程度之前，你仅仅拥有一个愈发可能为真的信念，但是一经抵达某个点，你就突然获得了知识"[①]。这种程度的辩护犹如魔术师的戏法，神鬼莫测般地改变了我们的认知处境。所以，邦久将其称为魔幻的辩护度（magic level of justification）。

需要指出的是，这一挑战并不要求对知识所必需的辩护度进行精准的数值刻画，相反，它旨在表明：即使存在一个固定的"阈值"，可错论者也无法为什么决定了这个阈值提供原则性说明。也就是说，即使他们最终刻画出知识所要求的辩护度——例如，假定信念 P 享有 80% 的辩护支持便可转化为知识——也难避任意之嫌：为什么**偏偏**是这种程度的辩护支持，才能将信念转化为知识呢？毕竟，辩护的认知贡献就在于它会提升相关信念为真的概率，那么，高于这种程度的辩护支持显然更具认知价值。

其次，价值层面的挑战。这个挑战旨在表明：可错论者即使成功地挑选出某个固定的辩护阈值，他们也无法据此说明知识为什么是一种至高无上的价值状态。因为：根据他们的知识图景，在达到这个值之前，辩护度的每一步提升都会改善我们的认知处境，亦即，使我们更接近知识状态；然而，由于我们总是在"使信念更有可能为真"的意义上谈论辩护的认知贡献，所以，即使知识状态已达成，辩护度的进一步提升也会**在同样的意义上**具有重要的认知价值，它并不会因知识状态的达成而变得无关紧要。那么，为什么**偏偏**是这种程度的辩护显得尤为特殊？为什么偏偏是它（而不是更高程度的辩护）能使我们通达一种绝对的价值状

[①] L. BonJour, "The Myth of Knowledge", in *Philosophical Perspectives*, 2010 (24), p. 61.

态？邦久认为："这个问题完全无解，我们根本无法说明缺少决定性程度的认知辩护凭啥能够享有某种特权。"① 由此可见，可错论者无论将何种程度的辩护挑选为非知识状态与知识状态的分界点，他们所选取的辩护度都是**任意的**，因为不管是在这个阈值之前还是之后，辩护度的细微提升都以同样的方式实现它们的认知价值。

三 挑战之要害

上述挑战的要害在于：可错论者只要出于纯粹的认知考虑，也就是说，只要他们出于"使信念更有可能为真"的考虑来锁定知识所要求的辩护度，那么，他们便无法有效地解决"阈值问题"，因而也就难逃任意性的指控。

笔者认为，这一挑战之所以难以应对，根本上是因为：可错论者尽管放弃了笛卡尔所开创的确定性纲领，但却欣然接受后者所倡导的"纯粹主义规划"。根据这一规划，认识论事业是一项脱离实践趣味、只为求真而服务的纯粹事业。因此，从事认识论的研究必须坚持实践与认识的严格二分，在此意义上，唯有与真理相关的认知因素才能将真信念转化为知识。诚然，该规划可以保证真理对认识论研究的根本制约，从而使其成为一个自成一体的规范领域。但是，正如笛卡尔本人所论证的那样，坚持实践与认识的严格二分，势必会急剧提升知识的标准，终将导向不可错主义：

> 人们有时会遵循自己完全不确定地知道的一些意见，就像它们是无可怀疑的一样，就实践生活而言，这是必要

---

① L. BonJour, "The Myth of Knowledge", in *Philosophical Perspectives*, 2010（24），p. 62.

的……但是，由于我本人只想致力于对真理的寻求，所以我认为……对待任何事物，哪怕我只能想到丁点怀疑，我都应该将其（恰如它是绝对错误的一样）拒弃，以便弄清楚，经过此番严格怀疑之后，是否有信念是完全不可怀疑的。①

考虑到"纯粹主义规划"与不可错主义之间的内在关联，我们有理由认为，前者与可错论之间存在内在冲突。这意味着：基于纯粹主义的说明框架解决"阈值问题"的尝试，从一开始便会面临难以克服的理论困境。然而，可错论者一方面欣然接受该规划，以便保证认识论这个传统行当的合法基础；另一方面却又出于反怀疑论的理论旨趣，不愿意承担其必要代价。这种"鱼与熊掌可兼得"的心态促使他们不得不在纯粹主义的框架内捍卫可错论。但是如前所述，这种做法注定会面临难以克服的理论困境，因而也就难以应对来自"阈值问题"的挑战。

第二节　现有的两种解决方案

一　实用主义策略的总体思路

由上可见，要想成功地解决"阈值问题"，可错论者有必要舍弃纯粹主义的说明框架。在这一背景下，一种实用主义的策略应运而生。作为其主要倡导者，范特尔（J. Fantl）和迈克格拉斯（M. McGrath）的一番话道出了该策略的真谛："我们希望弄清楚，一种实用主义的说明如何有助于解答此问题（即'阈值问题'）。命题 p 为真的概率有多高，才能转化为知识？**它必须有足够的可**

---

① R. Descartes, *Meditations*, *Objections*, *and Replies*, Hackett Publishing, 2006, pp. 31–32.

能为真，以至于能够作为信念和行动的恰当基础起作用。"①

不难看出，该策略旨在诉诸知识与行动的紧密关联来解决"阈值问题"。具体地说，主体 S 为命题 P 提供的辩护支持是否足以指引 S 在特定实践推理情形下的行动，决定了 S 关于 P 的信念能否转化为知识。因此，知识所要求的辩护阈值由其在实践推理情形中扮演的角色所确定。在这种意义上，它通常又被称作一种非纯粹主义的策略。根据布朗，该策略利用了"充分性"原则，即："知识规范为实践推理提供充分的指引。"该原则规定：如果主体 S 知道一个命题，那么 S 就有足够的认知底气（epistemic position）将该命题作为其实践推理的基础。②

为了更好地理解该原则如何能帮助实用主义者解答"阈值问题"，来看著名的"银行案例"③：

"低风险情形"：一个周五下午，汉纳（Hannah）和妻子正驱车回家。他们打算在回家途中路过银行时，顺便将薪水存入自己的活期账户。路过银行时，他们注意到里面已排起长队（周五下午通常都是如此）。事实上，存钱这件事对他们而言并不紧迫，因为他们没有迫在眉睫的账单需要支付。意识到这一点，汉纳对妻子说："我知道这家银行周六上午照常营业，因为两个礼拜前的周六上午，我就在这家银行［办理业务］。所以，我们可以明天上午来存钱。"

"高风险情形"：一个周五下午，汉纳和妻子正驱车回家。他们打算在回家途中路过银行时，顺便将薪水存入活期账户。由于

---

① J. Fantl & M. McGrath, *Knowledge in an Uncertain World*, OUP, 2009, p. 26.

② J. Brown, "Impurism, Practical Reasoning, and the Threshold Problem", in *NOÛS*, 2014 (48), pp. 180–181.

③ K. DeRose, "Contextualism and Knowledge Attributions", in *Philosophy and Phenomenological Research*, 1992 (52), p. 913; J. Stanley, *Knowledge and Practical Interests*, Oxford University Press, 2005, pp. 3–4.

他们有一个迫在眉睫的账单需要支付,并且账户余额已所剩无几,所以周六之前务必要将钱存入账户。汉纳清楚地记得,两个礼拜前的周六上午,他就在这家银行办理过业务。但是,当他提议周六上午再来存钱时,其妻却提醒他,银行总是变更营业时间,而且此事事关重大,马虎不得。这时候,汉纳说:"我想你是对的。我并不知道这家银行周六上午照常营业。"

方便起见,用"银行命题"表示"这家银行周六上午照常营业",且其为真。不难看出,汉纳在两种情形下基于相同的(非决定性的)记忆证据而相信"银行命题"为真,也就是说,他所持有的认知因素并不存在跨情形的差异。尽管如此,我们直觉上还是认为,汉纳关于"银行命题"的真信念在"低风险情形"下可转化为知识,而在对应的"高风险情形"下则不然。这表明,知识所要求的辩护度并不唯一地依赖于纯粹的认知因素或考虑。

有鉴于此,实用主义者明确放弃了纯粹主义的说明框架,试图为"阈值问题"提供一种非纯粹主义的解答。在他们看来,汉纳关于"银行命题"的真信念之所以在一种情形下能够转化为知识而在另一种情形下则不然,归根结底是因为:随着风险的提升,某种(些)错误可能性变得凸显起来,这使得汉纳在相应的"高风险情形"下不再有足够的认知底气将"银行命题"视为其行动选择(例如,选择"驱车回家")的恰当基础;既然如此,那么根据"充分性"原则,我们就可以判定汉纳在此情形下并不知道"银行命题",即使他持有的认知因素并不存在跨情形的差异。此处的论证可简要概括为:

前提1:如果主体 S 知道一个命题,那么 S 就有足够的认知底气将该命题作为其实践推理的基础;("充分性原则")

前提2:在"高风险情形"下,汉纳没有足够的认知底气将"银行命题"作为其实践推理的基础;(关于"银行案例"的直觉)

结论：在"高风险情形"下，汉纳并不知道"银行命题"。

诉诸一种非纯粹主义的说明框架，实用主义者成功地解答了"阈值问题"：知识所要求的辩护阈值原则上由主体所处的实践推理情形所决定。更重要的是，在他们看来，只有高风险的实践推理情形才能决定知识所要求的辩护阈值。为什么会这样？考虑"银行案例"，倘若知识的阈值由低风险的实践推理情形所决定，那么在对应的高风险情形中，汉纳显然知道"银行命题"（毕竟，他满足由低风险情形所设定的知识标准）。可是，由于高风险的存在，他并不能依赖这条知识进行相关的实践推理（例如，决定是否周六再来办理业务），这势必会破坏"充分性"原则。但对实用主义者而言，该原则的破坏无疑是一个严重问题，因为它是他们用以支持非纯粹主义说明框架的关键前提。

那么，它又是如何决定知识所要求的辩护阈值的呢？针对此问题，当前有两种主流的解答方案，分别是[①]：

（UA）统一性方案：某个主体在特定时刻知道任何一个命题所必需的阈值，由其所处的一个高风险的实践推理情形所决定。

（RA）相关性方案：某个主体在特定时刻知道一个命题所必需的阈值，由其当时所处的与该命题相关的高风险的实践推理情形所决定。

接下来，笔者将结合布朗的相关论述，考察这两种方案并指出它们各自面临的问题。

二 统一性方案及其问题

在布朗看来，（UA）体现在如下表述之中：如果你知道 p，那么，你就有充分的根据用它来辩护自己任何的 φ-ing（包括你

[①] J. Brown, "Impurism, Practical Reasoning, and the Threshold Problem", in *NOÛS*, 2014 (48), pp. 180–182.

的行为、态度和偏好等)。①

由于该表述未施加如下限制——命题 p 必须与所论及的行动相关,所以,由其所代表的方案事实上采取的是一种"大一统"式的做法:主体 S 在某个时刻所面临的**一个**高风险的实践推理情形,设定一个**普遍**的知识标准,它决定了 S 在该时刻知道任何一个命题所必需的阈值,即使**这些**命题与 S 在该情形下的实践推理并不相关。例如,假定汉纳在周五下午 4 时 30 分面临的高风险实践推理情形是要在"排队等候"和"周六再来"之间做出决定,那么,该情形下所存在的高风险设定了汉纳在那一时刻知道任何一个命题所必需的知识标准。因此,根据该方案,汉纳知道以下两个命题("当地公园里的水仙花已盛开"② 和"这家银行周六营业")需要满足同样的知识标准。

在布朗看来,(UA)会不可避免地带来怀疑主义的后果,因为:在某个时刻处于高风险情形下的任何一个人,不仅发现自己难以知道与该实践推理情形相关的命题,而且还发现自己在该时刻难以知道任何一个命题。换言之,"在 t 时刻处在一个高风险情形之下的主体,正面临着在该时刻几乎一无所知的风险,因为:该主体在 t 时刻的高风险情形所设定的知识标准,同时也就设定了他在该时刻知道任何一个命题所必需的阈值"③。

(UA)的支持者可能会反驳说,高风险的实践推理情形只是偶尔出现,因此,这种怀疑主义的后果可被限制在相当有限的范围内。针对这种反驳,布朗展开有力反击:"我们大多人在日常

---

① J. Fantl & M. McGrath, *Knowledge in an Uncertain World*, OUP, 2009, p. 66.
② 本节及下节的例子均来自布朗本人。
③ M. Hannon, "A Solution to Knowledge's Threshold Problem", in *Philosophical Studies*, 2017 (174), p. 611.

生活中时常要面临高风险的决定……这是生活之常态。"① 的确，我们每个人在日常生活中总会不断面临一些耗力费时的重大决定（例如，考学、结婚生子、找工作、跳槽等）。这说明，高风险的决定情形其实很平常。如若如此，那么按照（UA）的做法，我们的确会冒着失去大量知识的危险。试想，你决定换份工作。显然，这是一项复杂且风险很高的决定，牵涉到搬家、为孩子找个新学校、为配偶及自己找一份新的工作、重建自己及整个家庭的社会关系等重要事项。在这种情形下，你依赖某个命题进行实践推理的认知要求会变得相当苛刻——你需要尽力排除所有出错的可能。这无疑会急剧地提升知识的标准。而根据（UA），由于该情形又设定了一个普遍的认知标准，所以你不得不接受一种怀疑主义的后果：他人的证言甚或自己的知觉、记忆等通常被视为知识可靠来源的东西，在这种情形下都变得可疑起来。例如，假设你的一位好友信心满满地告诉你，你正在为孩子找的一所新学校各方面都很好（事实的确如此）。然而，你所处的情形决定了你不会将其视为可靠的知识来源，哪怕你的好友是一位教育从业者并且被广泛认为是一位可信赖的知识主体。总之，考虑到高风险决定情形的日常性特征，（UA）不可避免地会将主体置于怀疑之境地。

三 相关性方案及其问题

依布朗之见，（RA）体现在如下表述中：在一个人的选择依赖于命题 p 的情形下，他（或她）将该命题视为行动的理由是恰当的，当且仅当他（或她）知道 p。②

---

① J. Brown, "Impurism, Practical Reasoning, and the Threshold Problem", in *NOÛS*, 2014（48），p. 184.

② H. Hawthorne & J. Stanley, "Knowledge and Action", in *Journal of Philosophy*, 2008（105），p. 577.

与（UA）不同，（RA）采取一种"分而治之"式的做法，认为某个主体在特定时刻知道一个命题所必需的辩护阈值，取决于该主体当时所面临的**与该命题相关的实践推理情形**。例如，在"银行案例"中，汉纳处在与"银行命题"相关的"高风险情形"之中，这一事实意味着：他为了获得关于该命题的知识，必须满足极为苛刻的知识标准。但是，该事实并不影响他知道其他一些与该情形无关的命题。也就是说，尽管汉纳必须要满足极为苛刻的知识标准才能知道"银行命题"，但这并不妨碍他知道"当地公园里的水仙花已盛开"。因此，（RA）允许以下情况发生，即：某个主体在某一时刻知道一个命题所必需的辩护阈值，有别于他在该时刻知道另外一个命题所必需的阈值。

因此，要判定某个主体在某一时刻所相信的命题能否转化为知识，我们需要逐一考察与每个命题相关的具体的实践推理情形，亦即，需要考察该主体在相关情形下着手采取的与待考察命题相关的行动决策。而且，基于前述理由，（RA）的支持者同样认为，只有与待考察命题相关的高风险的行动才能决定知识所要求的辩护阈值。

然而，存在这样一些命题，它们只与极低风险的行动相关。在这种情况下，由于与待考察命题相关的行动仅具有极低的风险，所以，主体 S 无须考虑相关的错误可能性，因而也就没必要费尽心力地去排除它们。这意味着，S 在这种情况下可以轻易地获得相关的知识。正如布朗在批评（RA）时所指出的那样："该问题源自如下事实：有些命题只与具有极低风险的行动相关。我们的担忧是，相关性方案容许一个人在这些情形下基于极弱的认知底气而知道某个命题。"① 或曰前文提及的"轻易知识"问题。

---

① J. Brown, "Impurism, Practical Reasoning, and the Threshold Problem", in *NOÛS*, 2014 (48), p.187.

除此之外，（RA）还面临另外一个问题，它"源自如下事实：对于特定时刻的主体 S 而言，存在一些命题，它们无关乎 S 在该时刻的任何实践决策"①。例如，考虑"火星有两个卫星"这个命题。该命题与我当下面临的实践决策毫无关联。诚然，它可能在某个时刻与另外某个人（或者在未来某个时刻与我）的实践决策相关，譬如，它与美国宇航局的一位科学家在来年的实践决策相关。然而，这一事实无助于确定我当下知道该命题的标准，因为：在（RA）的拥趸看来，只有一个主体在某一时刻所面临的特定的实践推理情形才能决定该主体是否拥有相关的知识。这样的话，（RA）便无法确定一个人知道此类命题所必需的辩护阈值。这是（RA）不得不面临的一个严重的形而上学的问题，因为它"使知识属性的适用性在这些情形下变得模糊不定"②。

考虑到二者面临的问题，布朗断定，实用主义的策略难以成功。笔者认为，她正确地指出了这两项方案存在的问题。但是如前所述，它们均带有明显的个体主义色彩，诚如韩浓（M. Hannon）所言："布朗心目中的非纯粹主义者（即'实用主义者'）均是以主体为中心的非纯粹论者（subject-centered impurists）。"③ 在笔者看来，这种个体化的方案不足以反映实用主义策略的真实面貌，甚至在某种程度上错失了"实用主义"这个悠久哲学传统的精髓。事实上，作为该传统的开创者，皮尔士自始至终恰恰都在强调共同体或交互主体（inter-subject）在知识获取过程中扮演的首要角色。鉴于此，笔者接下来将利用他的思想资源，尝试提出

---

① J. Brown, "Impurism, Practical Reasoning, and the Threshold Problem", in *NOÛS*, 2014 (48), p. 188.

② J. Brown, "Impurism, Practical Reasoning, and the Threshold Problem", in *NOÛS*, 2014 (48), p. 188.

③ M. Hannon, "A Solution to Knowledge's Threshold Problem", in *Philosophical Studies*, 2017 (174), p. 613.

一项新的解决方案并论证其优势。

第三节 实用主义的共同体方案

一 方案要件

（一）作为求知实践的"探究"

如前所述，"探究"是由探究者共同体集体参与的、具有明确目标导向的实践活动。根据皮尔士的论证，人最初是以相信者（believer）的姿态与世界展开认知接触的，所以，"当我们开始从事哲学研究时，必须从我们实际上所持有的一切先见（prejudice）开始"（EP1.28）。这些"先见"即是我们在同周遭环境打交道的过程中自发形成的信念之网，起初并不会引发我们的怀疑。然而，随着实践的推进及经验的增加，我们时常会发现，基于这些先行信念确立起来的行为习惯会不断地遭到破坏。这个时候，常见的"是否P"（whether-P）式的问题情境也随之而来，它引发我们对先行之见的怀疑，而怀疑的侵扰则会"引起一种拼搏，（我们）努力进入信念状态。我将这种拼搏称为探究……"（EP1.114）

以此观之，他所说的探究通常又被视为一种解决问题的活动，目标在于寻求问题的解，重塑新的行为习惯。正是出于这种考虑，他才将信念的确立视为探究的唯一目标，因为"相信这种感觉在一定程度上确切地表明，在我们的本性之中存在某种固定的习惯，它决定着我们的行动"（EP1.114）。既然"信念的本质在于确立一种（行为）习惯"，那么对皮尔士而言，信念之形成同时也就意味着"是否P"式的问题已得到解答。在此意义上，探究其实是旨在帮助我们寻求可靠的问题解决者：他（或她）能够为我们提供可指引行动的信息。因此，一个可靠的问题解决者同时也是其所属的共同体的其他成员可信赖的行动指引者。就实践起源而言，知识就是他们所提供的内容，正如当今著名认识论学者克雷格（E. Craig）所论证的那样，知识是良好信息提供者的可靠标识。①

（二）共同体的共识

在皮尔士看来，探究是共同体成员遵循科学方法论规范而展开的集体事业。既然它的目标在于形成信念或者寻求问题的解，那么对于求知者而言，头等重要之事便是找到一种可靠的方法，借以确立信念或者挑选出良好的行动指引者。然而如前所述，皮尔士并不认为单一个体能够凭一己之力获取最终的知识。因此，"为了消除怀疑，我们必须找到一种方法，借助它，信念之获得并不取决于任何个人的东西，而是取决于某种外在的永恒之物"（EP1.115）。

在对其他一些确立信念的方法进行批判之后，皮尔士最终认为，唯有科学方法才能帮助我们平息怀疑、获得信念，因为它的"基本假设是：存在一些实在之物，其特征完全独立于你我对它们的看法；……我们通过推理得以断定事物之本来面貌；**无论任何人，只要他具有充分的经验并且做出足够的推理，终将会得出一个真的结论**"（EP1.120）。需要强调的是，在皮尔士这里，尽管实在独立于个体的看法，但却依赖于共同体的总体思想，如其所言："实在就是我们在拥有完备信息的理想状态下最终得以知道的东西，因此，它依赖于共同体的终极决定。……任何一个单一的思想只能潜在地存在，（其存在）取决于共同体未来的思想。"（EP1.54-55）

---

① E. Craig, *Knowledge and the State of Nature*, Clarendon Press, 2002, p.11.

综上，皮尔士其实是为我们提供了一幅"实在、真理与共同体联动发展"①的图景。根据这幅图景，实在的特征由共同体的思想所揭示；相应地，真理也就是探究者共同体最终达成的共识。那么，作为实在的真理，知识只能"脱胎于"主体间的交互实践（即"探究"）。在这种意义上，知识的获得无疑是一项集体成就，这意味着：任何一个探究者要想成为合格的知识主体，必须接受其所属的共同体成员的公共评价；而这又要求他（或她）必须遵循公共接受的科学方法论规范参与到探究之中。

（三）"逻辑社会主义"原则

受控于科学方法论规范的探究不仅具有集体性，而且还具有规范性。这要求探究者必须以实践参与者的身份合乎逻辑地行动，而在皮尔士看来，"合逻辑性又严格地要求我们不应该限制我们的旨趣。这些旨趣并不终止于我们自身的命运，而必然囊括整个共同体。……不愿意牺牲自己的灵魂以拯救整个世界的人，其全部的推理都是不合逻辑的。逻辑植根于社会原则之中"（EP1.149）。基于此，他甚至提议"将三种情操——关心无限共同体、认识到这种关心变得至高无上的可能性、希望明智的行为亘古长存——作为逻辑必不可少的要求"（EP1.150-151）。此即他所提出的著名的"逻辑社会主义"原则。由于他所说的"逻辑"涵盖我们今天所熟悉的认识论、科学哲学等领域，所以是一条可适用于探究的规范性原则。如前所论，既然（1）探究的目标在于形成信念，而信念的本质又在于指引行动；（2）它又是一项遵循科学方法论规范的集体事业，那么作为探究之结果的知识，归根结底还是源自共同体成员在面临"是否 P"式的问题情

---

① 周靖：《皮尔士论知识的基础及其对当代知识论的启示》，载《自然辩证法研究》2022 年第 1 期。

境时所产生的一种合作需求——挑选出良好的行动指引者。而这种需求从一开始便赋予人类的求知实践以显著的协作性特征。

以此观之，笔者认为皮尔士提出"逻辑社会主义"原则的首要动机就是为了确保这种合作需求的成功实现，从而确保知识的最终获得以及共同体的健康发展。而该原则最终指向的是一种共同体的知识观，或曰"皮尔士式的知识观"（Peircean conception of knowledge，PCK）。其要义有二：第一，由于知识奠基在共同体集体参与的探究实践之上，所以其最终裁决只能交由共同体的共识，换言之，知识的标准由**交互主体**（inter-subject）的多元实践旨趣共同设定；第二，享有一定辩护度的单一信念能否转化为知识，并不取决于主体 S 所处的单一实践推理情形，而取决于 S 是否被其所在的认知共同体认定为一个合格的行动指引者。这意味着：在一个认知共同体之内，如果一个人为某个命题 P 提供的辩护支持使其能够为旨趣各异的大多人提供可指引行动的信息，那么，他（或她）便被证明是一个良好的行动指引者，因而也就知道 P。

不难看出，（PCK）一方面扎根于实用主义传统之中，认为知识所要求的辩护度由其在实践推理情形中扮演的角色所决定；另一方面又特别强调共同体在知识获取中的首要地位。正是在这种意义上，笔者将其称为实用主义的"共同体方案"或曰"共同体的实用主义"。

二 方案优势

与前述"个体化方案"一样，共同体方案对"阈值问题"的解决同样诉诸知识对行动的充分指引。差异在于：前者认为，知识所要求的辩护阈值由单个主体在特定时刻面临的单一实践推理情形所决定；后者则认为，它由囊括多元旨趣的共同体面临的共同处境所决定。笔者认为，正是这种差异使其能够避免"个体化方案"面临的问题。接下来，我们将通过对以下两个问题的解答说明这一点。它们分别是：

（Q1）"个体化方案"面临的问题，其实质及症结是什么？

（Q2）我们的方案何以能避免这些问题？

先来看（Q1）。如前所述，（UA）采取"大一统"式做法，认为某个主体在特定时刻面临的一个高风险情形设定了普遍的知识标准，它决定了该主体在这一时刻知道**任何命题**所必需的阈值；（RA）采取"分治"式做法，认为某个主体在特定时刻面临的一个高风险情形只能决定与该情形相关的某个命题转化为知识所必需的阈值。尽管如此，它们均将知识所要求的辩护阈值交由单一主体在特定时刻面临的高风险的实践推理情形来决定。然而，由于命题 P 的真假所具有的实践重要性因人而异，所以，这样做势必会导致如下后果：在有些情形下，若 P 为假，可能会给**某个人**造成难以挽回的实践损失，这要求他（或她）要尽可能地排除所有出错的可能，知识的标准会随之而急剧提升，致使他（或她）可能会因此而怀疑知觉、记忆及证言等的可靠性，即使它们通常被视为知识的可靠来源；而在另外一些情形下，某个人可能根本不在意 P 的真假，它与此人在某一时刻的实践关切完全无关，而这又会使得他（或她）能够轻易地获得知识。不难发现，这两类情形分别对应于（UA）和（RA）适用的情形，各自产生的问题前文已论及，不再赘述。这里的要害是：**个体面临的单一实践情形会使知识的标准因个人实践关切的不同而变得时高时低**。在这种意义上，笔者将"个体化方案"面临的问题之实质归结为知识标准的"飘浮性问题"（the floating problem）。症结在于二者所仰仗的个体主义假定。

再来看（Q2）。既然问题的实质及症结已找到，那么能否克服它们，关键也就取决于我们能否找到行之有效的办法对付"飘浮性问题"。在这一点上，"共同体方案"因其鲜明的反个体主义特色可能会使我们有所获益。因为：根据它，知识的标准是公共的、不由任何个人的实践关切所决定。得益于此，它可以成功地克服"飘浮性问题"。细言之：依据前述"逻辑社会主义"原则，一个健康的认知共同体必须容许多元旨趣的自由发展，这意味着，在一个共同体之内，一个人是否知道命题 P 首要取决于主体间的肯任，亦即，他（或她）为 P 提供的辩护支持能否为旨趣各异的大多人提供可指引行动的信息；而这决定了**由多元实践旨趣设定的公共知识标准不会过低**，从而也就避免了一个人仅因个人实践处境的某些特征（例如，风险极低）而轻易获得知识的情况。另外，既然要兼顾多元实践旨趣，那么，我们的方案在面临那些无关乎*个人*实践重要性的命题时，也就有了相应的对策——*这些*命题并不会因*某个人*的"无动于衷"而对其他人丧失实践重要性。如此一来，（RA）面临的问题便得以避免。

除此之外，**由多元实践旨趣设定的公共知识标准也不会过高**。毕竟，为了推动探究的高效展开，一个认知共同体只能设置一个适度的"门槛"来挑选可靠的行动指引者。就像皮尔士之前所论证的那样，我们首先是以相信者的身份投身于求知实践的。这表明：即使一个人因其所处的高风险情形而怀疑他人作为知识主体的资格，这也绝不意味着后者不能为其他大多数人提供可指引行动的信息。一言以蔽之，个人所处的单一的高风险情形对于知识的获取而言并不具有决定性的作用。如此一来，（UA）面临的问题亦可得以避免。

结　语

通过对皮尔士符号学的研究，我们可以从总体上把握其哲学面貌及其思想发展脉络：一方面，他立足于当时的西方哲学传统，通过对笛卡尔以来的整个西方近代哲学的批判考察，提出并发展了自己的理论；另一方面，皮尔士对西方近代哲学的批判以及他所提出的很多"洞见"，又远远超出了自己的时代，具有重要的当代意义。

一

就皮尔士的整个思想发展脉络来说，我们必须立足于当时的西方哲学传统才能做出正确的评价。

皮尔士的哲学研究始于康德，并且围绕着"知识如何可能"这一问题而展开。他接受了康德的概念分析方法（尤其明显地体现在早期的范畴理论中），批判改造了康德的知性范畴理论，但却得出了完全不同的结论。

康德认识论的基本前提在于，"一种知识不论以何种方式和通过什么手段与对象发生关系，它借以和对象发生直接关系、并且一切思维作为手段以之为目的的，还是直观"①。所谓的知识，

---

① ［德］康德：《纯粹理性批判》，第25页。

就是能够由知性范畴加以综合的经验。而只有经过时空直观的经验材料，才能得到知性范畴的综合。这样一来，康德认识论的一个必然结果就是在可知的经验对象与物自体之间做出区分。由于自由和上帝不可能进入经验直观，所以也不可能成为知识的对象。与之相应，康德认识论的必然结果就是在理论理性与实践理性之间做出区分，割裂知识与信仰。而且，康德的研究方法必须假定一个认识论的前提，即通过认识可以达到自我意识的综合统一，这构成康德先验逻辑的"极点"。①

在《关于所谓的人所具有的一些官能问题》一文中，皮尔士否定了作为康德哲学出发点的直观（直觉）知识。这一否定的一个推论就是认为每一认识都是运用各种符号推论出来的。通过对康德的研究，皮尔士考察了自笛卡尔以来的整个西方近代哲学。在他看来，近代哲学的根本缺陷始于笛卡尔对直观知识和普遍怀疑方法的依赖。通过对笛卡尔主义的反驳，尤其是对近代哲学的"主体"概念（笛卡尔称之为"心灵"）的反驳，皮尔士提出了其早期的"思想－符号"理论；并且通过对早期理论的一些修改，逐步完善了自己的学说。在这种意义上，我们可以说皮尔士的符号学乃是基于对西方近代哲学的批判。这一点恰恰是很多皮尔士研究者所忽视的。他们往往囿于皮尔士符号学本身的研究，至多考察皮尔士的符号学与西方符号学传统的关联，而忽视了皮尔士符号学更为深远的哲学意义。

二

从上述角度来考虑，即如果我们认为对西方近代哲学的批判是皮尔士符号学分析的一个源头，那么我们就可以合理地假定，

---

① 参见［德］卡尔－奥托·阿佩尔《哲学的改造》，第87页以下。

符号学是皮尔士对近代哲学改造的一个必然结果。① 根据墨菲的观点②，皮尔士对先验逻辑的改造的真正基础在于以下事实：他于1867年完成了一个关于三种符号类型的"先验演绎"，这三种符号类型对应于说明三个普遍范畴的三种推论；而三个普遍范畴蕴含在符号关系或符号过程之中，后者构成皮尔士"先验逻辑"暂时的"极点"。为了说明这三个基本范畴和三种符号类型如何能够有助于说明经验的可能性和有效性，就有必要将三种基本推论与三个基本范畴或三种符号类型协调起来。这样一来，皮尔士对传统逻辑尤其是对以概念性符号（即皮尔士所说的 Symbol）或命题性符号为主的形式逻辑的贡献就在于：皮尔士借助于康德的"哥白尼式转向"，开创了全新的"综合研究逻辑"。③ 在皮尔士的符号学中，除了常规符号（symbol）之外，还设定了另外两类符号，即图像与指标④。同时，在推理形式上也不仅仅局限于演绎和归纳；其实在科学研究和日常生活中最为重要的往往是他极力倡导的假说推理的逻辑（abduction）。关于这一点，阿佩尔给予很高的评价。在阿佩尔看来，假说推理的发现对皮尔士的实用

---

① 笔者认为阿佩尔也表达了类似的想法（参见其《哲学的改造》一书第三章，译文有改动）。根据阿佩尔的说法（第89页以下），我们可以把皮尔士的哲学探究理解为对康德先验逻辑的一个符号学改造。皮尔士对"先验论"的拒斥并不指向"先验演绎"的"极点"这一概念，而是指向康德所采取的方法。在皮尔士看来，康德的方法是心理主义的和循环论证的。对此他明确地说："心理学先验论认为，形而上学的结论是毫无价值的，除非意识研究能为意识的权威提供保证。而意识的权威在意识范围内必须是有效的，否则就没有有效的科学，也就没有有效的心理学先验论；因为任何科学都要以意识的权威为条件并以此获得有效性。"（转引自：M. Murphey, *The Development of Peirce's Philosophy*, Harvard University Press, 1961, p. 26.）

② M. Murphey, *The Development of Peirce's Philosophy*, Harvard University Press, 1961, chap. 3.

③ 参见［德］卡尔-奥托·阿佩尔《哲学的改造》，第94页。

④ 这两种符号使得从感觉刺激活动和知觉性质到概念和判断的转变成为可能。前者蕴含于知觉判断的谓词中，以便整合被感觉到的实在世界的性质；后者必定出现于每个知觉判断中，以便保证由谓词所决定的对象的时空同一性。

主义的探究逻辑具有特殊的重要性。① 因为在皮尔士看来，假说推理是一种独特的推论，借助于它我们的知识得到扩展。因此，皮尔士认为可以把假说推理解释为无意识的外展推论。但是，由于任何外展推论或假说推理都是以某个大前提为条件的，从而必须由归纳来检验，所以在皮尔士看来，假说推理和归纳一起为"综合判断怎样才是可能的和有效的"（CP5.348）这一问题提供了回答。所以，从他的符号学出发，皮尔士"并没有在不可知的与可知的对象之间设定差异性，而是在终究可知的实在与根本上保留可错性的实际认识的可能结果之间做出区分"②。与之相应，皮尔士拒斥了康德对实践理性与理论理性所做的区分。在皮尔士看来，无限的认识研究过程乃是人类实践的一项现实事业，这项事业的进步和成果实际上是不确定的，它本身就是逻辑和伦理约定的对象。

这一点在皮尔士的"逻辑社会主义"思想中达到极点。"谁如若想采取皮尔士的综合研究逻辑意义上的逻辑态度，他就必须为了无限共同体的旨趣而牺牲他的有限生命中的所有私人旨趣，……因为只有这个共同体才有可能达到终极的真理。"③ 早期皮尔士把他的"逻辑社会主义"观点视为实用的道德律令：科学的进步将同时带来人类行为的理性化；人类的"习惯"可被看作与自然规律相类似，因而终究可以建立宇宙世界的"具体合理性"。④

三

皮尔士在这一点上表现出非凡的洞察力和预见性。根据皮尔士的观点，规范科学本身就是伦理学的一部分。这样一来，我们

---

① 参见 ［德］卡尔-奥托·阿佩尔《哲学的改造》，第96页以下。
② ［德］卡尔-奥托·阿佩尔：《哲学的改造》，第100页，译文有改动。
③ 参见 ［德］卡尔-奥托·阿佩尔《哲学的改造》，第101页。
④ ［德］卡尔-奥托·阿佩尔：《哲学的改造》，第101页。

就没必要在事实与价值之间设定中立的评价标准，事实上，二者总是缠结在一起。当我们追问"真理""合理性"等当今科学哲学的中心问题时，皮尔士的思想依然对我们有重要的启发意义。

以当代美国著名学者普特南（H. Putnam）关于这个问题的讨论为例。在普特南看来："在真理概念和合理性概念之间有着极其密切的联系。粗略说来，用以判断什么是事实的唯一标准就是什么能合理地加以接受。"① 而"'真理'是某种（理想化的）合理的可接受性"②。在任何具体的时刻，并不存在一个本身是真的合理性观念。但是通过不断的研究、讨论和对话，我们总会得出越来越真的"合理性"观念，它们总是朝着作为极限的"真"的合理性观念会聚。尽管我们不能武断地断定普特南直接继承了皮尔士的思想，但我们可以由此发现二者之间的某种关联，以及实用主义发展的内在逻辑。③

尽管罗蒂反对研究收敛于一个最终意见的主张，但他明显继承了皮尔士的"共同体"概念。事实上，罗蒂论证的核心旨在为皮尔士的"共同体"提供某种伦理原则：即友爱（solidarity），它是民主、平等、自由等一系列启蒙运动的政治价值。这样，科学、政治、伦理最终融合在一起。④

---

① ［美］希拉里·普特南：《理性、真理与历史》，童世骏、李光程译，上海译文出版社2005年版，序言第2页。

② ［美］希拉里·普特南：《理性、真理与历史》，第55页。

③ 事实上，在《实在论的多副面孔》一书中（冯艳译，中国人民大学出版社2005年版，第55页以下），普特南在分析"皮尔士之谜的重要意义"时，已经暗含着皮尔士的思想对他本人观点的重要影响。根据皮尔士的观点，"真理"是认识的理想极限；只有通过研究者共同体的无限研究，共同体成员才能最终向"真理"趋同（convergence）。而科学方法在本质上是利他的（尤其明显地体现在他的"逻辑社会主义"思想中），当我们选择某一通向真理的方法时，实际上是在支持和推进最终的人类进步，或者说最终将使人类或无限的研究者共同体在受益的规则中永存。在这一点上，普特南明显受到皮尔士的影响。参见《实在论的多副面孔》，第73页以下。

④ 参见：R. Rorty, *Objectivity, Relativism, and Truth*, Cambridge University Press, 1991.

总之,"皮尔士哲学的重大转折,是在人类共同体中去寻找方法和真理的依据"①。"别人的思想和情感同我的一样好,这个想法是全新的一步,也是极其重要的一步。这种冲动产生于人身上,它是如此强烈,以致无法被压制,否则就有毁灭人种的危险。除非隐居山林,我们的意见必然要相互影响。因此,现在的问题是如何在共同体中,而不是在个人那里,确定信念。"② 根据朱志方的论证③,皮尔士建立了交流式的理性,而后詹姆斯继承这一思想,把理性与情感统一了起来。从而从哲学上批判了脱离身体和情感的理性概念,并阐述了理性的集体性或社会性。这是皮尔士哲学,也是实用主义哲学的一个重要贡献。

四

立足于西方哲学传统,而又超越皮尔士所处的时代,我们才能更好地理解皮尔士的符号学理论,从而对其整个哲学思想做出正确的评价。这是诸多皮尔士研究者忽略的一点,恰恰也是最重要的一点。本书旨在在这方面做出一点研究。鉴于此,我们并不指望把皮尔士的符号学重构为一套完善的理论体系,毋宁说,它是一个重要的分析方法,借助于它我们可以重新考察一些重要的传统哲学问题,从而对当今许多哲学问题的回答提供一点启示。

最后,我们以皮尔士符号学的中心问题以及符号学分析的核心精神结束本书的讨论。符号学的中心问题是意义问题。意义何在?它如何产生?根据皮尔士的观点,意义产生于无限的符号解

---

① 朱志方:《理性是身体的一个属性》,载《云南大学学报》(哲学社会科学版) 2007 年第 1 期。
② EP1. 117;另见朱志方《理性是身体的一个属性》,载《云南大学学报》(哲学社会科学版) 2007 年第 1 期。
③ 朱志方:《理性是身体的一个属性》,载《云南大学学报》(哲学社会科学版) 2007 年第 1 期。

释过程之中，尽管习惯构成意义的最终解释，但这只是逻辑上暂时的"终点"，而不是时间上的终结。所以，符号解释是一个无限连续的过程。对于皮尔士哲学，我们只能说我们还处在一个"不断的解释过程之中"，本书的完成意味着一个新的开始。

参考文献

一 皮尔士著作

1. *Collected Papers of Charles Sanders Peirce*, edited by C. Hartshorne & P. Weiss (vol. 1 – 6), and A. Burks (vol. 7 – 8), Cambridge: Harvard University Press, 1931 – 1958.
2. *Semiotic and Significs*, edited by C. Hardwick, Bloomington: Indiana University Press, 1977.
3. *The Essential Peirce*, edited by N. Houser & C. Kloesel (vol. 1), Bloomington: Indiana University Press, 1992; and Peirce Edition Project (vol. 2), 1998.
4. *Writings of Charles S. Peirce: A Chronological Edition*, edited by Max H. Fisch et al. Bloomington: Indiana University Press, 1982.

二 相关研究文献

(一) 英文文献

1. A. F. Bentley, "The New 'Semiotic'", in *Philosophy and Phenomenological Research*, 1947 (8): 107 – 132.
2. A. J. Ayer, *The Origins of Pragmatism*, London: Macmillan, 1968.
3. A. Millar, "Why Knowledge Matters", in *Aristotelian Society Supple-*

mentary, 2011 (85): 63 – 81.
4. A. W. Burks, "Icon, Index, Symbol", in *Philosophy and Phenomenological Research*, 1949 (9): 673 – 689.
5. A. W. Burks, "Peirce's Theory of Abduction", in *Philosophy of Science*, 1946 (13): 301 – 306.
6. B. Brogaard, "Can Virtue Reliabilism Explain the Value of Knowledge?", in *Canadian Journal of Philosophy*, 2006 (36): 335 – 354.
7. B. J. Lalor, "The Classification of Peirce's Interpretant", in *Semiotica*, 1997 (1 – 2): 31 – 40.
8. B. Reed, "How to Think about Fallibilism", in *Philosophical studies*, 2002 (107): 143 – 157.
9. C. B. Christensen, "Peirce's Transformation of Kant", in *The Review of Metaphysics*, 1994 (48): 91 – 120.
10. C. R. Hausman, *The Evolutionary Philosophy of Charles S. Peirce*, Cambridge: Cambridge University Press, 1993.
11. C. Hookway, " Logical Principles and Philosophical Attitude: Peirce's Response to James's Pragmatism", in *The Cambridge Companion to William James*, edited by R. Putnam, Cambridge: Cambridge University Press, 1997.
12. C. Hookway, *Peirce*, London: Routledge and Kegan Paul, 1985.
13. C. Hookway, *Truth, Rationality, and Pragmatism: Themes from Peirce*, Oxford: Clarendon Press, 2000.
14. C. J. Misak, "Pragmatism and the Transcendental Turn in Truth and Ethics", in *Transactions of the Charles S. Peirce Society*, 1994 (30): 739 – 775.
15. C. J. Misak, *Truth and the End of Inquiry: A Peircean Account of*

Truth, Oxford: Clarendon Press, 1991.
16. C. J. Misak, *Truth, Politics, Morality: Pragmatism and Deliberation*, London and New York: Routledge, 2000.
17. C. Morris, *Signs, Language, and Behavior*, New York: Prentice-Hall, 1946.
18. D. Davidson, *Truth, Language and History*, Oxford: Clarendon Press, 2005.
19. D. Marr, "Signs of C. S. Peirce", in *American Literary History*, 1995 (7): 681-699.
20. D. Papineau, "Representation and Explanation", in *Philosophy of Science*, 1984 (51): 550-572.
21. D. Pritchard & J. Turri, "The Value of Knowledge", in *The Stanford Encyclopedia of Philosophy*, https://plato.stanford.edu/archives/win2017/entries/knowledge value/, 2017.
22. E. Arens, *The Logic of Pragmatic Thinking: From Peirce to Habermas*, New Jersey: Humanities Press, 1994.
23. E. C. Moore, "The Scholastic Realism of C. S. Peirce", in *Philosophy and Phenomenological Research*, 1952 (12): 406-417.
24. E. Craig, *Knowledge and the State of Nature*, Oxford: Clarendon Press, 2002.
25. F. Brentano, *Psychology from an Empirical Standpoint*, edited by L. McAllister, New York: Humanities Press, 1973.
26. F. C. S. Schiller, *Studies in Humanism*, London: MacMillan, 1907.
27. G. Lakoff & M. Johnson, *Philosophy in the Flesh: The Embodied Mind and Its Challenge to Western Thought*, New York Basic Books, 1999.
28. G. Lakoff, *Women, Fire, and Dangerous Things: What Categories*

Reveal about the Mind, Chicago: University of Chicago Press, 1987.

29. H. Hawthorne & J. Stanley, "Knowledge and Action", in *Journal of Philosophy*, 2008 (105): 571–590.

30. H. J. Frankfurt, "Peirce's Notion of Abduction", in *The Journal of Philosophy*, 1958 (55): 593–597.

31. H. Putnam, *Realism with a Human Face*, edited by J. Conant, Cambridge and London: Harvard University Press, 1990.

32. H. Putnam, *Reason, Truth and History*, Cambridge: Cambridge University Press, 1981.

33. H. Seigel, *Rationality Redeemed?*, London: Routledge, 1997.

34. I. Scheffler, *Four Pragmatists: A Critical Introduction to Peirce, James, Mead and Dewey*, London and New York: Harvard University Press, 1974.

35. J. Brown, "Impurism, Practical Reasoning, and the Threshold Problem", in *NOŬS*, 2014 (48): 179–192.

36. J. Buchler, "Peirce's Theory of Logic", in *The Journal of Philosophy*, 1939 (36): 197–215.

37. J. Buchler, *Charles Peirce's Empiricism*, New York: Octagon Books, 1939.

38. J. Dewey, "The Pragmatism of Peirce", in *Chance, Love, and Logic: Philosophical Essays by C. S. Peirce*, edited by M. Cohen, Lincoln and London: University of Nebraska, 1998.

39. J. Diggins, *The Promise of Pragmatism*, Chicago: The University of Chicago Press, 1994.

40. J. Esposito, *Evolutionary Metaphysics: The Development of Peirce's Theory of Categories*, Athens: Ohio University Press, 1980.

41. J. Fantl & M. McGrath, "Evidence, Pragmatics, and Justification", in *The Philosophical Review*, 2002 (111): 67–94.

42. J. Fantl & M. McGrath, *Knowledge in an Uncertain World*, Oxford: OUP, 2009.

43. J. Feibleman, "Peirce's Use of Kant", in *The Journal of Philosophy*, 1945 (XLII): 365–377.

44. J. Fitzgerald, *Peirce's Theory of Signs as Foundation of Pragmatism*, The Hague: Mouton, 1966.

45. J. Fodor, *A Theory of Content and Other Essays*, Cambridge: MIT Press, 1990.

46. J. Kvanvig, *The Value of Knowledge and the Pursuit of Understanding*, Cambridge: Cambridge University Press, 2004.

47. J. Liszka, *A General Introduction to the Semeiotic of Charles Sanders Peirce*, Bloomington: Indiana University Press, 1996.

48. J. Royce, *The Problem of Christianity*, Washington Catholic University of America Press, 2001.

49. J. Stanley, *Knowledge and Practical Interests*, Oxford: Oxford University Press, 2005.

50. K. DeRose, "Contextualism and Knowledge Attributions", in *Philosophy and Phenomenological Research*, 1992 (52): 913–929.

51. K. Ketner, *Reasoning and the Logic of Things*, Cambridge: Harvard University Press, 1992.

52. K. O. Apel, *Charles S. Peirce: From Pragmatism to Pragmaticism*, Amberst: University of Massachusetts Press, 1981.

53. L. BonJour, "The Myth of Knowledge", in *Philosophical Perspectives*, 2010 (24): 57–83.

54. L. Wright, *Teleological Explanations*, Berkeley: University of Cali-

fornia Press, 1976.

55. L. Zagzebski, *Virtues of the Mind*, Cambridge: Cambridge University Press, 1996.

56. M. Fisch, "Alexander Bain and the Genealogy of Pragmatism", in *Journal of the History of Ideas*, 1954 (15): 413-444.

57. M. Fisch, "American Pragmatism Before and After 1898", in *American Philosophy*, edited by R. Shahan & K. Merrill, Oklahoma: University of Oklahoma Press, 1977.

58. M. Fisch, "Peirce's General Theory of Signs", in *Sight, Sound and Sense*, edited by T. Sebeok, Bloomington: Indiana University Press, 1978.

59. M. Fisch, "The 'Proof' of Pragmatism", in *Peirce, Semiotic, and Pragmatism: Essays by Max Fisch*, edited by K. Ketner & C. Cloesel, Bloomington: Indiana University Press, 1986.

60. M. Fricker, *Epistemic Injustice: Power & the Ethics of Knowing*, Oxford: Oxford University Press, 2007.

61. M. Hannon, "A Solution to Knowledge's Threshold Problem", in *Philosophical studies*, 2017 (174): 607-629.

62. M. Murphey, "On Peirce's Metaphysics", in *Transactions of the Charles S. Peirce Society*, 1965 (1): 12-25.

63. M. Murphey, *The Development of Peirce's Philosophy*, Cambridge: Harvard University Press, 1961.

64. P. Bondy, "Epistemic Value", in *The Internet Encyclopedia of Philosophy*, ISSN 2161-0002, https://www.iep.utm.edu/home/about/.

65. P. Miers, "A Cognitive Program for Semiotic Functions", in *Comparative Literature*, 1982 (97): 1129-1146.

66. P. Skagestad, "Peirce's Semeiotic Model of the Mind", in *The Cambridge Companion to Peirce*, edited by C. Misak, Cambridge: Cambridge University Press, 2004.

67. P. Skagestad, *The Road of Inquiry: Charles Peirce's Pragmatic Realism*, New York: Columbia University Press, 1981.

68. P. Weiss, "Peirce's Sixty-six Signs", in *The Journal of philosophy*, 1945 (42): 383 – 388.

69. P. Wiener, "The Evolutionism and Pragmatism of Peirce", in *Journal of the History of Ideas*, 1946 (7): 321 – 350.

70. R. Almeder, *The Philosophy of Charles S. Peirce: A Critical Introduction*, Oxford: Basil Blackwell, 1980.

71. R. Descartes, *Meditations, Objections, and Replies*, Cambridge: Hackett Publishing, 2006.

72. R. Dipert, "Peirce's Propositional Logic", in *Review of Metaphysics*, 1981 (34): 569 – 595.

73. R. Dipert, "Peirce's Underestimated Place in the History of Logic: A Response to Quine", in *Peirce and Contemporary Thought*, edited by K. Ketner, New York: Fordham University Press, 1989.

74. R. Dipert, "The Life and Logical Contribution of O. H. Mitchell, Peirce's Gifted Student", in *Transaction of the C. S. Peirce Society*, 1994 (30): 515 – 542.

75. R. G. Millikan, *Language, Thought, and Other Biological Categories*, Cambridge: MIT Press, 1984.

76. R. Hilpinen, "On Peirce's Theory of Proposition: Peirce as a Precursor of Game-Theoretical Semantics", in *The Monist*, 1982 (65): 182 – 188.

77. R. M. Chisholm, "Intentionality and the Theory of Signs", in *Philo-

sophical Studies, 1952 (3): 56 – 63.
78. R. Rorty, *Consequences of Pragmatism*, Brighton: The Harvester Press, 1982.
79. R. Rorty, *Objectivity, Relativism, and Truth*, Cambridge: Cambridge University Press, 1991.
80. R. Rorty, *Philosophy and the Mirror of Nature*, Princeton: Princeton University Press, 1979.
81. S. Cohen, "How to be a Fallibilist", in *Philosophical Perspectives*, 1988 (2): 91 – 123.
82. S. Grimm, "On Intellectualism in Epistemology", in *Mind*, 2011 (120): 705 – 733.
83. S. Hetherington, *Good Knowledge, Bad Knowledge: On Two Dogmas of Epistemology*, Oxford: Oxford University Press, 2001.
84. T. Crocker, "Wittgenstein's Practices and Peirce's Habits: Agreement in Human Activity", in *History of Philosophy Quarterly*, 1998 (15): 475 – 493.
85. T. L. Short, "The Development of Peirce's Theory of Signs", in *The Cambridge Companion to Peirce*, edited by C. Misak, Cambridge: Cambridge University Press, 2004.
86. U. Eco, "Peirce's Notion of Interpretant", in *Comparative Literature*, 1976 (91): 1457 – 1472.
87. U. Eco, *A Theory of Semeiotics*, Bloomington: Indiana University Press, 1976.
88. W. Alston, "Pragmatism and the Theory of Sign in Peirce", in *Philosophy and Phenomenological Research*, 1956 (17): 79 – 88.
89. W. B. Gallie, *Peirce and Pragmatism*, New York: Dover Publications, 1952.

90. W. D. Riggs, "Reliability and the Value of Knowledge", in *Philosophy and Phenomenological Research*, 2002 (65): 79–96.

91. W. James, "Pragmatism: A New Name for Some Old Ways of Thinking", in *The Works of William James (vol. 1)*, edited by F. Burkhardt, F. Bowers & I. Skrupskelis, Cambridge and London: Harvard University Press, 1978.

92. W. James, "The Meaning of Truth: A Sequel to Pragmatism", in *The Works of William James (vol. 2)*, edited by F. Burkhardt, F. Bowers & I. Skrupskelis, Cambridge and London: Harvard University Press, 1978.

93. W. Jones, "Why do We Value Jnowledge?", in *American Philosophical Quarterly*, 1997 (34): 423–439.

94. W. V. Quine, *Word and Object*, Cambridge: MIT Press, 1964.

（二）中文文献

1. 陈亚军：《实用主义：从皮尔士到布兰顿》，江苏人民出版社2019年版。

2. 陈亚军：《实用主义：从皮尔士到普特南》，湖南教育出版社1999年版。

3. 邓晓芒：《康德哲学诸问题》，生活·读书·新知三联书店2006年版。

4. 江天骥：《皮尔士的符号学的自然主义》，潘磊译，载《世界哲学》2007年第2期。

5. ［德］卡尔-奥托·阿佩尔：《哲学的改造》，孙周兴、陆兴华译，上海译文出版社2005年版。

6. ［德］康德：《纯粹理性批判》，邓晓芒译，杨祖陶校，人民出版社2004年版。

7. ［美］科尼利斯·瓦尔：《皮尔士》，郝长墀译，中华书局

2003 年版。

8. 李红：《分析哲学和解释学的融合——罗蒂和阿佩尔的哲学融合模式》，载《自然辩证法研究》2001 年第 6 期。

9. 李红：《批判与重构——阿佩尔的先验诠释学理论》，载《哲学动态》2006 年第 3 期。

10. 李红：《先验符号学的涵义》，载《自然辩证法研究》1999 年第 11 期。

11. 李红：《先验符号学中的语用学转向》，载《自然辩证法通讯》2000 年第 5 期。

12. ［美］理查德·罗蒂：《真理与进步》，杨玉成译，华夏出版社 2004 年版。

13. 刘放桐等编著：《现代西方哲学》，人民出版社 1981 年版、1990 年修订版。

14. 刘放桐等编著：《新编现代西方哲学》，人民出版社 2000 年版。

15. 卢德平：《略伦皮尔士符号学理论对语言哲学研究的影响》，载《中国青年政治学院学报》2006 年第 4 期。

16. ［英］洛克：《人类理解论》，关文运译，商务印书馆 1981 年版。

17. 潘磊：《捍卫可错论的新方案：共同体的实用主义》（手稿）。

18. 潘磊：《皮尔士的"有方向的反基础主义"》，载《科学技术与辩证法》2006 年第 4 期。

19. 潘磊：《重估知识的价值——从皮尔士探究理论的观点看》，载《学术交流》2021 年第 1 期。

20. 钱捷：《溯因推理：笛卡尔、康德和皮尔士》，载《哲学研究》2003 年第 10 期。

21. 汪胤：《当代语境中的皮尔士哲学》，载《上海交通大学学报》（哲学社会科学版）2004 年第 2 期。

22. 王新：《浅谈皮尔士和他的符号学理论》，载《社会科学家》2005 年增刊。

23. 王元明：《行动与效果：美国实用主义研究》，中国社会科学出版社 1998 年版。

24. ［意］翁贝尔托·埃科：《符号学与语言哲学》，王天清译，百花文艺出版社 2006 年版。

25. ［美］希拉里·普特南：《理性、真理与历史》，童世骏、李光程译，上海译文出版社 2005 年版。

26. ［美］希拉里·普特南：《实在论的多幅面孔》，冯艳译，中国人民大学出版社 2005 年版。

27. 徐鹏：《皮尔斯一般符号学初探》，载《云南大学学报》（社会科学版）2007 年第 1 期。

28. 杨祖陶、邓晓芒编译：《康德三大批判精粹》，人民出版社 2001 年版。

29. ［澳大利亚］约翰·巴斯摩尔：《哲学百年·新近哲学家》，洪汉鼎等译，商务印书馆 1996 年版。

30. 张留华：《从记法的观点看逻辑：皮尔士论系词》，载《昆明师范高等专科学报》2005 年第 3 期。

31. 张留华：《逻辑学语境下的科学实用主义》，载《自然辩证法研究》2005 年第 9 期。

32. 张留华：《皮尔士：科学家与逻辑学家》，载《自然辩证法研究》2002 年第 2 期。

33. 张文喜：《对康德先验自我的结构：海德格尔、皮尔士与马克思》，载《人文杂志》2002 年第 4 期。

34. 周靖：《皮尔士论知识的基础及其对当代知识论的启示》，载《自然辩证法研究》2022 年第 1 期。

35. 朱志方：《发现的逻辑：从皮尔士到波普》，载《开放时代》2002年第6期。
36. 朱志方：《理性是身体的一个属性》，载《云南大学学报》（社会科学版）2007年第1期。
37. 朱志方：《皮尔士的科学哲学——反基础主义和可误论》，载《自然辩证法通讯》1998年第4期。
38. 朱志方：《实在的意义》，载《武汉大学学报》（人文科学版）2001年第6期。
39. 朱志方：《语言符号、意义和经验知识》，载《武汉大学学报》（人文科学版）2003年第5期。
40. 朱志方：《自然语言中真理概念的语用学分析》，载《自然辩证法通讯》2002年第4期。

致　谢

　　本书的完成和出版得益于很多人的帮助。感谢我的导师朱志方教授，师傅将我领进皮尔士哲学研究之门，没有他的悉心指导，本书不可能完成；感谢我的家人，特别是我的岳父母，他们承担了大量的家务，使我有大量的时间从事哲学研究和写作；感谢葛四友兄，他不辞辛苦地帮我联系出版社；感谢复旦杜威研究中心的师友，多次的专题讨论让我受益良多；感谢马帅超博士，帮我做了大量的文字校对工作；感谢中国社会科学出版社的韩国茹编辑在本书出版过程所做的大量辛苦工作！